学术文库

媒介文化研究

介入与超越

关中忙罢艺术节文化传播研究

鲍海波 童妍 王利民 著

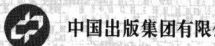

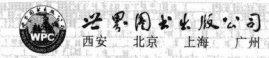

中国出版集团有限公司

世界图书出版公司
西安 北京 上海 广州

图书在版编目(CIP)数据

介入与超越:关中忙罢艺术节文化传播研究 / 鲍海波, 童妍, 王利民著. --西安:世界图书出版西安有限公司, 2025.6. --ISBN 978-7-5232-2332-1

Ⅰ. G127.415

中国国家版本馆 CIP 数据核字第 202556U4U0 号

介人与超越:关中忙罢艺术节文化传播研究
JIERU YU CHAOYUE: GUANZHONG MANGBA YISHUJIE WENHUA CHUANBO YANJIU

著　　者	鲍海波　童　妍　王利民
策划编辑	赵亚强
责任编辑	符　鑫
美术编辑	吴　彤
出版发行	世界图书出版西安有限公司
地　　址	西安市雁塔区曲江新区汇新路 355 号
邮　　编	710061
电　　话	029-87233647(市场营销部)　029-87234767(总编室)
网　　址	http://www.wpcxa.com
邮　　箱	xast@wpcxa.com
经　　销	新华书店
印　　刷	西安浩轩印务有限公司
开　　本	787mm×1092mm　1/16
印　　张	13.25
字　　数	200 千字
版　　次	2025 年 6 月第 1 版
印　　次	2025 年 6 月第 1 次印刷
书　　号	ISBN 978-7-5232-2332-1
定　　价	78.00 元

版权所有　翻印必究

(如有印装错误,请与出版社联系)

前　言

　　长久以来，乡村以美丽、生动、温暖的形象成为现代人的精神原乡。 乡村何以成为人们理想的栖息之地、存在之地、记忆之地，一直是乡村眷恋者与乡村建设者思考与实践探索的领域。 在新的历史发展时期，乡村建设又成为乡村振兴战略实施的重要组成部分。 在这样一项伟大而艰巨的历史任务面前，西安市鄠邑区石井街道蔡家坡村交出的答卷别具一格。

　　这是一场艺术改造乡村的"试验"。 从 2018 年开始，一场旷日持久的乡村艺术"试验"在此拉开大幕。 截至 2024 年，这里已经举办了六届"关中忙罢艺术节"，来自全国各地的上百位艺术家来到秦岭终南山下的小山村，与村民共同从事各种艺术实践活动。 陈设艺术、大地艺术、装置艺术、展览艺术、戏剧艺术、社区艺术、共享书屋等成为这里的新景观，音乐节、戏剧节以及爵士乐、交响乐、先锋话剧等走进了村民的生活。 通过引入"艺术村长"制度，以文艺赋能乡村，以艺术唤醒乡愁，蔡家坡村成功转型为一个集展演、文创、旅游于一体的文艺村落，展现出十足的"文艺范"。

　　我们的研究也是被这种"文艺范"所感召。 在完成《城市公共艺术：在地性实践与媒介化拓展》一书的出版之后，研究团队仍然以媒介文化的研究视角来观察蔡家坡村的艺术实践，将每一种艺术实践活动及其作品都视为媒介。 在媒介化的过程中，人与物、人与环境、人与人之间建构了以艺术为中介的艺术化存在。以这种艺术生活化的方式存在，或许是一种兼具现实与理想的本真存在。

  我们的研究目的与以往一样，就是以学术的方式深度关切当下的现实，本研究成果是研究团队阶段性工作的展示与汇报。还需说明的是，艺术介入乡村，一是艺术家与村民的文化自觉行为，这种艺术实践活动为艺术共同体的形成以及日常生活的审美化进行了颇有成效的试验；二是乡村建设的创新性路径，在整体性提升乡村文化品格的同时，也为人的诗意栖居提供现实的选择；三是梦想照进现实的生动范例，在艺术生活化与生活艺术化相互激荡的过程中，乡村之美以其独特的魅力，滋养着这个快节奏时代里人们浮躁的心灵。

  当然，艺术介入乡村还应该有所超越，即超越固有的艺术类型限制，超越惯常的艺术表达形式，超越已有的艺术传播手段，尤其是超越短期的经济发展目标，让艺术实践像这片土地上生长的麦子一样，丰收在望。

  可以肯定，艰辛的学术实践与学术理想之间的距离甚为遥远，好在团队成员不畏辛苦，持之以恒，以慰远途。

  团队成员依然会热情似火，继续向前！

目 录

第一章 化器为艺：忙罢文化中乡村陈设艺术的意义表征

2／一、关中新"艺"象

7／二、从乡村日常用具的摆放到陈设艺术

14／三、乡村陈设艺术空间的"打卡"式传播

21／四、结　语

第二章 艺满大地：蔡家坡村的大地艺术及其媒介表达

23／一、蔡家坡村的大地艺术及其价值

27／二、大地艺术景观的媒介呈现类型

31／三、大地艺术景观的环境构成

34／四、大地艺术景观的文化表达方式

43／五、结　语

第三章　墙上春秋：蔡家坡村墙绘艺术的媒介功能与在地性表达

44／一、乡村墙绘艺术的多种功能及其有效发挥

47／二、蔡家坡村的墙绘艺术及其承载意义

54／三、蔡家坡村墙绘艺术的在地性表达

56／四、作为媒介的蔡家坡村墙绘艺术

61／五、蔡家坡村墙绘艺术的媒介功能拓展

67／六、结　语

第四章　艺汇境展：忙罢展览艺术与文化记忆空间的形成

69／一、艺术融入乡村的在地化实践

72／二、以艺术展览为载体构建多重维度的文化场域

82／三、艺术公共空间能焕新乡愁

91／四、艺乡一体的新生——艺术乡建的未来发展

95／五、结　语

第五章　艺术破圈："关中忙罢艺术节"的社区艺术实践

97／一、"以秦岭为幕，麦田为台"的艺术展演

102／二、艺术实践走向乡土大地的"破圈"路径

107／三、从普通村庄到艺术村落的转型

114／四、结　语

第六章 "终南剧场":公共展演的艺术实践与乡村文化的碰撞

115 / 一、"关中忙罢艺术节"中的"终南戏剧节"

117 / 二、大地舞台的艺术实践

131 / 三、艺术与自然交融的展演空间

135 / 四、结　语

第七章 艺在田野:"关中忙罢艺术节"的装置艺术及其想象

136 / 一、作为特殊艺术实践的装置艺术

139 / 二、物品成为艺术作品的符号表征

149 / 三、情感的装置与传递

156 / 四、结　语

第八章 乡村蝶变:"关中忙罢艺术节"的乡村空间生产及其社会逻辑

159 / 一、空间生产与蔡家坡村的日常生活

164 / 二、多重维度的乡村空间生产

173 / 三、乡村空间生产的社会逻辑

178 / 四、结　语

第九章 以艺为镜:"关中忙罢艺术节"的媒介镜像及意义重构

180 / 一、镜像理论与媒介对乡村的新定位

184 / 二、乡村物质空间再生产中的新场域

187／三、从单一媒介到泛媒介化的空间构建

190／四、传统乡村空间的消解与重建

198／五、媒介空间背后的文化品格与乡村精神的意义重构

201／六、结　语

203／后　记

第一章 化器为艺：忙罢文化中乡村陈设艺术的意义表征

2018年，西安美术学院实验艺术系师生成立关中艺术合作社，在关中地区多个乡村开展各类艺术实践教学，致力于乡村文化振兴。每年麦收时节，西安市鄠邑区石井街道的蔡家坡等村连续举办了多届"关中忙罢艺术节"。

"忙罢艺术节"基于"忙罢古会"。古老的忙罢文化在一代又一代村民的传承下历久弥新，再次焕发出五彩斑斓的新样貌：从传统的"古会"走向了新潮的"艺术"；从村民、亲戚之间的情感沟通走向了各地游客的观光打卡；"忙罢"不再仅仅是传统风俗，而被赋予了"现代""艺术""潮流"等内涵。在这样的文化情境下，乡村陈设也已从村民日常的用具摆放转化为极具美感的陈设艺术，并构筑起具有多重文化价值的乡村陈设艺术空间。

本章将在忙罢文化的大背景下对陈设艺术进行解读，阐释陈设艺术与"忙罢艺术节"的有机融合，并展望"忙罢艺术节"中陈设艺术的发展，以期为乡村艺术的繁荣与发展提供一定的参考。

一、关中新"艺"象

"忙罢艺术节"借助农业文明中的传统民间节庆——"忙前节""忙罢节",以传统乡村社会的"乡约""乡礼""乡俗""乡庆"为主要仪式,展现了劳动、合作、收获、欢乐的乡村文化内涵,以焕发其延绵不绝的生命力。活动以"终南山下,享·关中忙罢艺术节"为理念,凭借终南山丰富的自然与历史文化资源,将广阔的乡土变为艺术空间,将美丽的田野化为展演现场,包含"终南戏剧节""终南生态艺术""社区艺术"等多个板块,将艺术注入忙罢节庆传统。在突出艺术在地性、生态化、实用性的同时,将传统乡村的生活方式、规范秩序、价值认同与现代城市文明的创新文化、生活美学相结合,共同构筑城乡文化相互成就的有机关系,推进乡村复兴与文化振兴。

1. 忙罢文化的起源与现状

忙罢文化来源于"忙罢会",也叫"忙罢古会""过会"。"忙"是指"农忙","罢"即"结束"之意,即农忙过后的休息时间,是东起临潼,西至鄠邑,南到秦岭,北达渭水这片广袤的关中乡村地区的一种风俗。通常情况下,"忙罢会"是一年一会,从农历六月初一开始,一直到九月十五,历时一百余天。这是农民在夏收前后的农闲时节,通过杂技、戏曲、民间舞蹈等表演形式使亲戚、乡邻和自己放松、高兴的一种传统的乡村休闲文化活动。

关于"忙罢会"的起源时间,可能最早在清朝或者明朝,但并没有权威的定论。夏收时节,村民抢收抢种,会连着忙碌二三十天,结束后人们会选择"歇晌",会请戏班子唱大戏来供大家娱乐。人自然是越多越好,出嫁的女儿接父母来,外甥接舅舅来,将七大姑八大姨等亲戚全部招呼来。一个村子邀请戏班演出大获好评,各村纷纷效仿。这就使得戏班演出的时间经常发生冲突,村与村之间也因为请戏班子发生冲突。于是经过协商,就按照顺序给各个村子排好时间,隔一天轮换一个村,其后年年如此。

现如今，在西安周边的农村地区仍然保留着忙罢文化，并发展出新的样态。在夏收之后，秋收之前，附近的村镇都会举办各种忙罢文化活动，包括舞龙、杂技表演、乡村戏曲演出等，吸引着来自四面八方的游客。各种形式的艺术表演展现了农民们的才艺和创造力。忙罢文化不仅为农民提供了一种放松和娱乐的方式，也成为传承民间文化的重要途径，同时也增加了乡村文化旅游的吸引力。人们会前往西安周边的农村地区，体验忙罢文化活动，感受农村生活的独特魅力。

西安市鄠邑区的蔡家坡村地处陕西秦岭北麓的半山区，依山傍水，风景宜人，乡村风貌古朴自然。它不仅拥有得天独厚的自然地理环境，还在践行新发展理念，统筹文化和旅游资源的政策背景下，于2021年入选第三批全国乡村旅游重点村名单，是"陕西省美丽宜居示范村""全国乡村旅游重点村"。2018年，《乡村振兴战略规划（2018—2022年）》正式公布，西安美术学院与蔡家坡村合作，由西安美术学院实验艺术系师生成立"关中艺术合作社"，在关中的乡

图 1-1 建筑外墙的彩绘壁画

村中开展各类艺术实践教学，并提出举办"关中忙罢艺术节"。截至2024年12月，"关中忙罢艺术节"已成功举办了六届。艺术介入乡村的直接效果非常明显，不管是村子的整体风貌，还是人民的生活水平都发生了显著的变化：村民的自建房经过改造后，变成了民宿、书店、村史馆、咖啡店等，外墙的壁画也为整个蔡家坡村增添了浓郁的艺术气息，之前的贫困村成为享誉中外的艺术村。

2. "忙罢艺术节"的陈设艺术

陈设艺术是"忙罢艺术节"的重要组成部分，通过布置和展览艺术品来营造独特的环境和氛围，为参观者提供与艺术作品互动的机会，丰富了整个艺术节的体验。

在"忙罢艺术节"的陈设艺术中，常见的形式包括展览、装置艺术、雕塑、景观设计等。这些艺术形式以不同的方式将艺术作品展现给参观者，并通过独特的布置和呈现方式建构出特殊的空间感和情绪。陈设艺术不仅是展示艺术作品的方式，更重要的是为参观者创造一种与艺术互动的体验，使参观者能够更深入地理解和感受艺术的魅力。

在展览方面，"忙罢艺术节"吸引了国内艺术院校的师生参展，呈现出多种多样的艺术作品。这些作品涵盖绘画、摄影、雕塑、装置艺术等不同的艺术形式，展示了不同风格和主题的创作。展览作品的设计通常会基于作品的主题和特点，并通过不同形式的展示架、灯光和空间布置来凸显艺术作品的美感。"忙罢艺术节"上常常会有大型装置艺术作品。在艺术节中，艺术家们会选择特定的场地和材料来创作装置艺术作品，这种将材料、空间和观者参与结合起来的艺术形式，与周围的环境融为一体，营造出独特的感官体验。这些装置艺术作品可以是临时性的，创作过程和展示过程能让参观者有机会参与其中，增加了互动性和参与度。此外，景观设计也是"忙罢艺术节"陈设艺术的重要组成部分。通过艺术性的景观设计，艺术节的活动区域被打造成一个具有视觉冲击力和艺术氛围的空间。景观设计可能包括植物、花卉、雕塑等元素的运用，通过布局和色彩搭配创造出舒适、美观的环境，为参观者提供与艺术作品互动的场所。最有特点的是露天剧场的设计，用红色的砖垒砌而成的观众席，符合乡村的调性。

"关中忙罢艺术节"的展览处处都体现出陈设艺术的魅力，既具有独立性，又具备整体性。以室内陈设为例，无论是功能性陈设还是装饰性陈设，都具有极致的艺术美感，如图1-2所示，桌椅的设计与摆放都是与整体环境密切相关的。图中展示的陈设品被布置在同一空间，它们的风格、寓意有明显的差异，但放在一起又毫无违和感。左图的陈设品仿佛置身于大自然中，借助棉花般的云朵"浮"在空中，一只白色的巨大手掌从天而降，像保护、救赎、希望、开端。坐在椅子上，仿佛置身梦境。右图的陈设品呈现出的是一个斑斓、唯美的现实世界，有荷花、诗词、书法，与左图呈现的梦幻世界反差强烈。连接两个世界的是"椅子"，任何人只要坐上去便可以看到对面的梦幻世界或现实世界。最值得关注的是，截然不同的两种风格，左图的座椅整体来看流线感比较强，用木质和皮质拼接而成，其下有一个圆形的草垫，呈现出的是弧形、拼接材质的钝感和随意感，与整个空间的意境是交相呼应的。而右边的座椅是有棱有角的，展现出中式的秩序美，印有书法的透明布料随意搭在椅背上，赋予中式元素以随性大方的感觉，恰好回应了左边图片的随意感。右边桌上摆放的荷花也是典型的中式元素，"出淤泥而不染"是中国传统的美好的人格品质，这与"书法"的元素相得益彰。同时，花瓶采用的是流线圆形，而不是中规中矩的方形，这就中和了两把椅子和一张桌子的棱角，使整个陈设看起来不至于太呆板和沉重，也呼应了左边图片中的流线型设计。

图 1-2　咖啡馆内的桌椅陈设

除了桌椅等实用性比较强的功能性陈设，还有一些装饰性陈设，比如草帽、唱片机、陶瓷杯等，如图 1-3 所展示的装饰性大草帽是室内装饰性陈设的典型代表，宽大的帽檐上配有各种小装饰，颜色搭配也很有讲究。小草帽上的装饰大多是用毛线钩织的，毛茸茸的感觉与草帽的圈层线条感和小麦色的质朴感形成了对比，配上草绿色、玫红色、蓝色等比较鲜艳的色彩，给人春日明媚的感觉。此外，不规则排列的小草帽疏密有致，前后错落，展示出一种不对称的美。

图 1-3　室内地上的草帽陈设

3. 忙罢文化赋能陈设艺术

文化赋能是指通过引入、融合文化元素等方式，为艺术创作和陈设注入具有特定文化内涵的内容，使艺术品呈现出深厚的文化底蕴。因此，文化赋能陈设艺术就是将文化元素应用于艺术创作和陈设，并通过特定的空间布置来表达艺术作品与文化之间的互动与融合。

忙罢文化是关中地区的"忙罢会"长期积淀而形成的独具特色的地方文化。在蔡家坡村的"忙罢艺术节"中，物品陈设也具有特定的文化内涵，村民农忙时用的各种用具，经过改造和设计之后可以变成艺术品，并显现出独特的艺术魅力。首先，它能够增强艺术作品的内涵和表现力，通过引入忙罢文化的元素，艺术作品可以更好地传达作者的创作意图，同时也能够为参观者提供更多角度的解读与思考。其次，可以推动文化的传承和发展，将传统文化与现代艺术相结合，不仅可以保护和传承传统文化，还可以激发新的艺术创作灵感，促进文化的创新和进步。此外，文化赋能陈设艺术也可以丰富人们的生活体验，提升城市的文化氛围和品质。全国多所大学的师生来到"关中忙罢艺术节"，体验关中地区的独特文化内涵，享受不一样的视觉盛宴。同时也有学者来进行艺术、文化研究，还有美院学生在这里完成毕设作品，将艺术作品永久留在了蔡家坡村。

然而，要实现文化赋能陈设艺术的目标并不容易。虽然在蔡家坡村可以找到忙罢文化的身影，但是还远远不够。流传至今的忙罢文化，还有很多内涵没有被挖掘。首先，我们需要加强对文化赋能的研究和探索，只有深入了解和理解忙罢文化元素的内涵与特点，才能将其更好地应用于艺术创作与陈设中。其次，相关部门和机构需要加强合作与交流，忙罢文化赋能陈设艺术需要多方合作，通过艺术家、设计师、文化专家等的共同努力，才能实现艺术与文化的有机融合。此外，要巧妙地利用宣传手段让公众了解忙罢文化，目前在年轻人使用率比较高的社交媒体平台上，忙罢文化的曝光率并不高，很少有人愿意去了解忙罢文化的前世今生。同时公众对于艺术的理解与欣赏水平也不高，需要通过教育与宣传来增强人们对艺术的认知和兴趣。

二、从乡村日常用具的摆放到陈设艺术

在秦岭北麓得天独厚的自然环境和冷暖适中的气候中，经过悠久的农耕文明和社会历史发展，关中地区形成了忙罢文化这样的农民休闲娱乐活动。现如今，伴随着城镇化进程与乡村振兴战略的实施，蔡家坡村的忙罢文化在商业化运作模式下与乡村旅游相结合，将传统文化与现代文明相融合，形成了特色鲜明的

乡村艺术。其中，蔡家坡村的陈设艺术从日常的乡村用具中提取艺术符号，既符合现代化的生活方式，也符合现代游客的视觉偏好与实际需求，传达出与城市生活完全不同的乡村文化气息。

1. 乡村文化中的日常用具及其艺术符号表征

在乡村生活中，相当一部分生活用具仍然保留着传统意义上的质朴感。制作这些生活用具的材料通常不是现代化生产过程中常用到的塑料、不锈钢、玻璃等，反而是土、陶、瓷、木、竹、铁、铜、麻、布等传统、朴素的材料。诸如此类的古朴材质制成的生活用具经久耐用，在节俭的乡村生活方式下，这些用具得以经历漫长岁月而没有损毁，独具老物件的陈旧与沧桑感。古朴的生活用具是过往时光的见证，反映出当地居民在不同社会历史时期真实的生活状态，呈现出日常的乡村生活景观，让人们有着置身于忙罢乡村文化之中的沉浸式体验。这种古朴用具所带来的怀旧感、温馨之感与现代社会的快节奏、茫然之感形成强烈的对比。因此，这些古朴的生活用具不仅是日常生活用品的展示，更是舒缓悠长、勤劳朴素的乡村文化的符号象征。

这些日常生活用具通常采用民间的生产工艺来完成。区别于现代工艺、机械工艺、产业工艺等工艺类别，民间工艺一般由生产者个体或小群体在具体的劳动过程中形成，保留了传统的民间技术和相对复杂的工艺流程，且通过师徒关系进行垂直传授，其流传与发展带有明显的伦理色彩。此类凝结了数代人心血与智慧的生产工艺兼具实用性与艺术价值，尤其是手工制品的生产工艺，极具地域特色。然而这些手工制品的制作流程烦琐，经济效益偏低，逐渐从人们的日常生活中消失。在乡村中，多种传统的生产工艺逐渐被现代工艺取代，即便是现代化的装修与陈设中流行的田园风、怀旧风，也是从这些传统的生产工艺以及制品中提取出部分符号元素，进而用乡土艺术进行表达。这充分说明，流传至今的传统生产工艺及其产品，不仅具有使用价值，还有用于展示的陈列价值。例如，在蔡家坡村的竹编制品陈列中，系统地展示出竹编的生产工艺以及不同形态的竹编成品。这一陈列将竹编工艺的流程作为一种"材料"予以呈现，使竹编工艺本身成为一种原生态的留存与乡土气息的载体，也让传统的"匠气"通过"竹编"这一艺术符号得以彰显。

在日常生活用具以及生产工艺与流程的符号化展示之外，生产工具也被摆上展示台。不同地区的乡村由于自然环境不同，其生产力的发展与生产方式也不相同，农、牧、渔、林这几种不同的生产方式都衍生出不同的生产工具。在关中地区，农耕一直是最主要的生产方式，长期的劳动实践中形成的独特的耕作文化和生产工具也是"忙罢艺术节"的重要展示品。在蔡家坡村的村史馆中，诸多农耕用具，如土犁、土耙、马车、牛轭、架子车、麻袋、驴鞍子、牲口槽等，都作为传统的地域文化符号予以展示。

2. 乡村日常用具陈设的文化再造

陈设，在一般意义上可被理解为陈列摆设。在蔡家坡村的陈设艺术中，乡村日常文化用具与现代化文创、设计作品、画展、海报等各种呈现乡村文化元素的物品，均运用陈列的形式进行组合与表达。这就意味着陈设不是简单的物品聚合，而是对主题的深度叙述与文化内涵的表达，尤其要立足于整体陈设所蕴含的叙事逻辑。

乡村日常用具除了本身的物质形态表达，还需要依托其蕴含的艺术符号进行文化再造，从而赋予其新的时代价值和内涵。陈设就是在一个空间内通过不同物质的组合最大化地展现这些物品的内涵意义，使所有物品组合起来强有力地指向同一个主题。乡村日常用具陈设的文化再造，一方面是展示蔡家坡村独特的文化氛围，打造差异化的地域文化；另一方面是借助文化搭建物与人之间的情感共通空间。蔡家坡村的整体设计极具现代化：设计感强的民宿、精美的咖啡厅、完备的露营设施……而这样一个现代化的设计，要与其他的文化街区、特色小镇等区别开来，则需要注入独特的文化灵魂。在陈设中使用乡村日常用具，赋予了蔡家坡村独特的文化调性，实现了现代化与田园化的融合，从物的呈现到"终南戏剧节""忙罢艺术节"等精神文明的呈现，给人留下强烈的文化记忆。

在陈设的文化再造与呈现中，色彩的使用发挥了独特的作用。视觉是人的第一感官，色彩对人的视觉会产生强烈的刺激。陈列设计中通常会选择一种主色调与几种辅助性色调相结合，给人不同的色彩感受，如黑、白、灰会给人静谧、简约之感，红、黄等饱和度较高的颜色则会给人热情、温暖的感觉。陈列设计中的色彩使用既要与主题有很强的契合度，也要充分发挥展品自身的特色，以激活文化内涵。蔡家坡村的房间内部装修风格，大多是米色、原木色等简约素雅的颜色，整体呈现出平和松弛的氛围。在这样的氛围中，乡村日常用具通过独特的色彩运用，不仅传递出特定的文化语义和情感内涵，更能唤起参观者的共鸣，赋予空间独特的文化灵魂。以蔡家坡村村史馆为例，馆内主要展陈了村内老物件的摄影作品与实物：摄影作品保持了统一的怀旧色调；实物展陈包括十几件木犁、木杈、糍板、推板、竹箩等农耕工具。这些历经岁月打磨的农具呈现出独特的审美特质：斑驳的漆色记录着时光的痕迹，光滑的握柄诉说着劳作的记忆。在室内专业灯光的照射下，整洁有序的环境中放入形态质朴的农耕用具，斑驳的使用痕迹与清理干净后光滑的表面形成鲜明的对比，这种新与旧的对比给人强烈的视觉冲击力。

另一个鲜明的例子是蔡家坡"艺术村长之家"。"艺术村长之家"的陈设色彩不同于简约的素色，而是大胆运用了很多饱和度高的红色、黄色等色彩，整体更具视觉张力与现代氛围。"艺术村长之家"有着截然不同的陈设风格，主要原因是这一空间内设有水吧，并出售大量文创类商品，是一个具有陈列、展示、交流、纪念等功能的复合空间。"艺术村长之家"的陈设体现着现代文化与乡村文化的完美融合，例如现代化装修风格的墙上张贴了几十张印刷粗糙、色彩艳丽的小广告，水吧内放着咖啡与洋酒，台面上的用具却是竹编制品。"艺术村长之家"的陈列在商业因素的介入下形成了这种新与旧的排列组合。"艺术村长之家"不是单一的乡村生活展示区，而是一个吸引参观者产生购买行为的文创、周边售卖区。为了获得经济效益，"艺术村长之家"在陈设上还运用了多种精致、大胆、时尚的元素，既结合了乡村文化，又契合公众的现代化审美。在色彩设计之外,"艺术村长之家"也通过陈列使参观者产生情感共鸣。"艺术村长"的简介、"艺术村长"的书籍都着力塑造出具有独特人格魅力的村主任形象,同时专门设了一个房间来讲述蔡家坡村所办活动的文化内涵。整个"艺术村长之家"不仅把"村长"作为一个符号,更把"家"作为一个符号,展现了蔡家坡村的乡土文化和人文景观,具有独特的文化魅力与感染力,能够刺激消费者购买文创产品。

在陈设的文化再造与呈现中,陈设物品的功能转化具有重要的意义。随着社会的变迁和乡村文化的发展,部分乡村生活用具已经逐渐脱离原有的生产生活场景,这就要求我们要对其进行文化再造。在蔡家坡村,用麦秸编织的巨大草帽成为一个摆放其他展示物的圆形地毯。同时,陈列中还有很多摆放物品的容器都选用了编织材料或木质材料。编织品不再只有单一的使用功能,还以民间手工艺的文化符号形式成为一种陈设装饰,参与到限定空间内的忙罢文化建构中。"艺术村长之家"的后院中放置了一面全身镜,这面镜子没有放在室内场所,而是放在室外,镜子不仅具有供参观者整理仪容的用途,也与周围的装饰和镜中的图像形成一种新的创意场景。这个创意场景成为打卡点,有助于游客进行"打卡式"的二次传播。

"食在麦田"的主题陈列中,摆放了大量形态各异的碗、蒸笼等厨房用具,这里不再局限于原本的容器用途,而是将其作为契合主题的展览品进行呈现。展览空间的墙壁上张贴了许多蔡家坡村的特色美食图片,放置的厨具呼应了"厨房"空间的氛围,服务于叙事主题。在展览的另一侧则展示了蔡家坡村的美好乡村计划,沿着墙壁摆放着十余把形态各异的老式木椅。这些椅子表面斑驳,有着明显的使用痕迹,颇具年代感。这些陈旧的座椅同时也作为摆放文创用品的展台,例如文创帆布包挂在座椅的靠背上,凳面上则摆放其他产品。这些座椅体现着老式的手工艺,曾是平常的生活用具,现在则用于陈设中,在"坐"这一使用功能之外兼具摆放物品的用途,作为过去时代的符号,唤起人们的怀旧记忆。

图 1-4 旧座椅上摆放的文创用品

在陈设的文化再造与呈现中，还存在着更深层次的"物"与"人"的关系。"物"指展品本身，"人"既指主题文化符号的建设者，也指陈设所面对的参观者。"物"直观地展示在参观者面前，折射出物所承载的文化内涵与锻造这种文化的主体——人。"物"作为载体联结了参观者与文化景观，每个部分都不可或缺且紧密相连。所以，"物"不仅仅是一种集合内容与形式的简单存在，更参与了从感性到理性这一共通意义空间的建构。在这种意义空间中，陈列就体现出更重要的价值，具体体现在用什么样的叙事逻辑更能呼应主题，更能体现出展览蕴藏的灵魂。蔡家坡村的陈列呈现出一份优质的答卷，即"物—人"关系的融合。

在乡村文化的建设中，成功的文化表达除了传达文化元素本身的意义之外，还离不开文化氛围的营造与烘托。蔡家坡村的乡村文化基于当地居民长期的生产与生活方式所形成，这里的文化建设不是去除本地居民的景点再造，而是与村民的日常生活相融合。随着农业生产的周期性开展，麦田艺术应运而生。秦岭山脉四季变换的自然景观与田野间的艺术装置交相辉映，共同构成美妙的图画。蔡家坡村通过将文化场景营造与村民日常生活轨迹相融合，成功实现了忙罢文化的在地化表达。当地居民是地域文化的重要组成部分，蔡家坡村采用分红制的合作模式，鼓励村民参与蔡家坡村的文化景观营造，鼓励村民在农忙之余自主售卖自家的农产品、特色美食、手工艺品等，让蔡家坡村更有生机和烟火气。在发展现代乡村旅游产业的同时，最大限度地保留了村民最本真的生活状态。因而蔡家坡村不是单一展示忙罢文化的"博物馆"，而是具有乡土氛围、乡村文化魅力的文化景观。

蔡家坡村的"物—人"关系，不仅面向当地村民，也面向来此参观的游客，整个陈列设计中着力提升游客的体验感和参与感。例如，在陈设中放入竹编草帽、蒲扇等农村生活用具，作为拍照打卡的道具。蔡家坡村通过"忙罢文化"主题乡村建设吸引游客，配套细致完备的游客服务设施。为了达到现代化生活的品质要求，在乡村中建设了网红咖啡店、精致民宿、特色餐饮店等，给游客带来舒适的游玩体验。

3. 乡村陈设文化在忙罢艺术语境中的呈现

乡村陈设与室内博物馆、展览馆的陈设有共同之处，都是为了凸显文化主题，增加视觉效果与感染力而摆放、展示文化元素和物品。而不同元素之间组合的逻辑关系十分重要，好的逻辑关系可以更好地开展叙事，使文化主题清晰明了。同时，除了文化元素本身的展示，还需要运用色彩、灯光、背景、材质等，打造与之相呼应的陈列环境，形成有助于传达文化主题的环境氛围，以加强表达效果。蔡家坡村将人文历史、地域文化进行归纳提炼，共同外化为忙罢文化，致力于打造乡村旅游与文化研学相结合的新型乡村文化，助力乡村振兴。忙罢文化这一特定的艺术语境，成为乡村陈设的重要主题。蔡家坡村在陈列设计中采取互为依托的板块布局，每个板块都有其独特的主题，例如村史馆、美术馆、八号供销社、"艺术村长之家"、知青楼等具备不同功能的区域，承载着不同的故事，但每个板块之间又彼此联系，共同为"忙罢艺术节"这一核心文化服务。

基于独特的历史文化脉络，蔡家坡村的陈列设计遵循了因地制宜和创新的原则。陈列的物品中充斥着大量的石头、竹编制品、乡村老物件、乡村日常用品等，使用天然材料，也包含传统工艺，运用本土化的元素引发游客的情感共鸣，营造乡土归属感。蔡家坡村的建设团队对村民的闲置房屋进行整体重装，装修风格简约时尚，运用了云朵灯、网红灯光等流行元素进行装饰。同时，采用创新的设计理念，提炼和重组地域特色和忙罢文化的元素，并对这些文化元素符号进行二次创新，挖掘新的形式，进行文化再造，从而服务于乡村文化景观的构建。例如在陈列设计中用到的农耕用具、木头椅子的摆放，以及编织工艺品的使用等。

蔡家坡村陈设的一大特色是老物件的陈列。老物件作为历史发展的见证，既是独特的地域文化与民俗风情的体现，承载了关中地区的忙罢文化，也能引发现代人的乡愁与情感共鸣。蔡家坡村对老物件的展示以实物为主，辅之以图文资料，二者共同构成旧时光的空间意象，实现对旧时光的"再现"与想象。

三、乡村陈设艺术空间的"打卡"式传播

乡村陈设艺术空间的构建通常采取两种途径：一是将艺术元素融入乡村环境，二是将乡村原有的元素艺术化。二者的共同目的是提升乡村生产与生活空间的品质，增强乡村文化的吸引力。"忙罢艺术节"将各式各样的艺术元素融入了蔡家坡村的整体环境中，为蔡家坡村的忙罢文化注入了新活力。

在当今的新媒体时代，网民对某些空间的"打卡"——来到特定的地点拍照、录视频，仿佛成为陈设艺术"出圈"的又一途径，或可被视为有效传播的必要环节。乡村陈设艺术的未来发展路径以及如何建构具有多重文化价值的乡村陈设艺术空间，也许会在陈设艺术的媒介化、乡村空间的赛博化与"打卡"式传播中找到新的发展契机。

1. 乡村陈设艺术的媒介化

在数字媒介时代，乡村陈设艺术的媒介化是指将传统的乡村陈设艺术通过媒体技术和互联网平台等进行数字化、网络化的呈现和传播。这种媒介化不仅赋予了乡村陈设艺术新的表现形式，也为其传承、交流和推广提供了更广阔的可能性。但这也存在着一定的隐忧，正如有的学者认为的那样，现实空间也变成了媒介表演与分享的"道具"。在新媒体时代，人们逐渐改变了评判陈设艺术的价

值准则，能不能拍摄出吸引人的照片或视频成为衡量其有无价值的标准。人们甚至不再关注陈设艺术本身，而更多的是欣赏加了滤镜、经过 PS 的照片或视频。在新的语境之下，乡村陈设艺术如何发展下去，其内涵会不会被机械化，的确是值得人们深思的问题。

首先，乡村陈设艺术的媒介化让更多人能够接触和了解到这种艺术形式。传统的乡村陈设艺术大多局限于特定的地区和时间，只能被有限的人群欣赏和体验。通过媒介化的方式，乡村陈设艺术可以被拍摄、录制成图片、视频，从而通过互联网平台传播出去，观者无论身处何地都可以通过网络来欣赏和了解乡村陈设艺术，这成功地拓宽了观赏者的范围。其次，乡村陈设艺术的媒介化提供了更多的表达和创作空间。传统的乡村陈设艺术受到时空的限制，往往只能依赖于实际的场景和物体来展示。而现在，艺术家可以利用数字技术和虚拟现实等手段，创造出更加丰富的表达形式，如通过建模、动画等技术来呈现乡村陈设艺术的细节和立体感，让参观者透过屏幕感受到艺术品的美妙。其实，这也正是"忙罢艺术节"中所缺少的。在实地调研中，研究者发现，很少有作品利用 VR、AR 等虚拟现实技术来增强参观者的体验感，参观者在观看陈设作品的时候，缺乏沉浸感。最后，乡村陈设艺术的媒介化还能够促进艺术交流和合作。通过互联网平台，艺术家们可以随时分享自己的作品和创作经验，与其他艺术家进行交流和合作。这样的交流和合作不仅有助于艺术家之间的互相学习和创作启发，也为乡村陈设艺术的创新和发展提供了更多的机会。然而，乡村陈设艺术的媒介化也面临一些挑战和问题。一是技术和资源的限制，要将乡村陈设艺术进行数字化和网络化，需要依赖先进的媒体技术和网络设施，而乡村地区的这些条件可能还不够成熟。二是保护和传承的问题。媒介化有可能导致乡村陈设艺术丧失其原本的独特性和纯粹性，从而沦为"道具"。三是乡村陈设艺术很容易成为商业化的产品或娱乐化的内容，从而可能影响其传承和发展。

乡村陈设艺术的媒介化不仅会对艺术本身产生影响，也会对农村文化产生影响。它通过展示传统的农村生活和文化，增强了农村居民对自身文化的认同感和自豪感。通过媒介化的手段，乡村陈设艺术的知名度和影响力得到了提升，吸引了更多人来到农村地区，给村民带来相对可观的经济收益，从而提升了村民的生活水平。自蔡家坡村发展乡村文化产业以来，村民人均年收入从七八千元提升到现在的两万元。此外，乡村陈设艺术的媒介化也为农村手工艺品产业的发展提供了机会，激发了人们对传统工艺的兴趣和热爱。当然，媒介化也可能导致乡村文化的异化和流失，使其变得过于依赖媒介技术，减少了人们对传统文化的亲身体验和传承。

可见，乡村陈设艺术的媒介化是一个既充满机遇又面临挑战的过程。随着媒介技术的不断进步，乡村陈设艺术可以通过虚拟现实、增强现实等技术手段进行创新和拓展，为人们带来更丰富、多样化的体验，为农村文化的传承与创新提供平台。同时，媒介化也带来了一些问题和挑战，需要我们思考如何保护和传承乡村陈设艺术的真实性和原始性。

2. 乡村空间的赛博化建设

赛博化建设是指通过信息技术与物理空间的融合，利用数字化和智能化技术手段改造和提升城市或乡村空间的功能、效率和便利性。它包括智能交通系统、物联网应用、数字农业等方面的创新和应用。赛博化建设的特点在于高度智能化、数字化和网络化，通过大数据、云计算、人工智能等技术手段实现对空间的管理和优化。近年来，随着信息技术的快速发展和智能化的兴起，赛博化建设在城市发展方面积累了丰富的经验。乡村地区同样可以通过赛博化建设来提升生活质量，促进经济发展和实现可持续发展。

乡村空间的赛博化建设具有重要的意义和价值。赛博化建设可以提升乡村地区的生活质量和居民的幸福感。通过应用智能交通系统、智能家居、智慧农业等，人们可以享受到更便捷、舒适的生活，提高生产与生活效率。并且，赛博化建设对于促进乡村经济的发展和转型具有重要的作用。通过数字化和智能化手段，可以提升农产品的品质和附加值，拓宽农产品的销售渠道，促进农村产业的升级和优化。此外，赛博化建设还可以促进乡村和城市之间的互联互通，推动资源的共享和合作，实现乡村与城市的协同发展。

乡村空间的赛博化建设在蔡家坡村"忙罢艺术节"的陈设艺术中多有应用：一是数字化陈设创新叙事方式。目前，"忙罢艺术节"中的陈设只是以传统的方式使物品摆放与参观者肉眼观看形成互动。陈设艺术魅力的体现很大程度上依赖于参观者的自我感受，这与参观者个人的知识水平、人生阅历、即时心境等息息相关，这就使得陈设艺术的感染力在传播过程中大打折扣。并且艺术品的叙事方式过于直白和单调。单一的叙事并不能给"忙罢艺术节"增添应有的活力，所以通过数字化的陈设创新叙事方式是"忙罢艺术节"中陈设艺术未来的发展方向之一。数字化陈设创新叙事方式是指通过数字技术和互联网平台，借助图像、声音、视频等多媒体手段，以全新的方式呈现陈设艺术作品，并与参观者进行互动和对话。二是多媒体展示以增强互动性。数字化陈设通过融合图像、声音、视频等多媒体元素，使陈设作品更加生动、丰富。参观者可以通过各种视听感官的刺激，深入了解作品背后的故事和意义。数字化陈设为参观者提供了与作品互动的机会。参观者可以通过触摸屏、虚拟现实设备等交互方式参与到陈设中，改变作品的展示形式、调整参数等，从而实现个性化的参与体验。三是数字化陈设可进行跨时空展示。数字化陈设可以通过互联网平台，将作品展示延伸到全球范围。参观者可以通过网络浏览器或移动应用随时随地地欣赏陈设艺术作品，跨越时间和空间的限制。

当然，数字化的注入会改变陈设艺术的方方面面，具体体现在艺术作品的表现形式、参观者的参与度以及艺术传播等方面。在丰富作品的表现形式方面，数字化陈设为艺术家提供了新的创作空间和机会。除了用传统的纸质绘画、现实展示以外，艺术家可以通过数字技术和媒介呈现他们的作品，从而更好地实现自己的创作理念和想法，能够全方位、动态地展示陈设艺术作品，这也提升了参观者的参与度。数字化陈设的互动性使参观者也成为创作者的一员，参观者可以通过互动的方式参与到陈设中。在观看动态的陈设作品的过程中，参观者完全可以根据自己的兴趣、需求选择去了解艺术作品的某个方面或者角度，主动探索作品的内涵和意义，增强与作品之间的沟通和共鸣。从更广义的角度来看，数字化陈设可以促进艺术传播。它打破了物理空间和时间的限制，不仅仅局限于一场展览，而是可以通过互联网平台将作品推广到全球，这使得更多人能够欣赏到陈设艺术作品，加强了艺术的传播和交流。同时，艺术创作者可以在互联网平台上看到参观者对自己陈设作品的评价，有效的反馈能够给艺术家提供更宽阔的创作思路，不管是对个体还是整个行业的发展都是有帮助的。

数字化陈设在传统陈设艺术中起到了重要的作用，创新了陈设艺术的叙事方式，通过多媒体展示、互动性和跨时空展示等特点，为参观者带来全新的体验，并丰富了陈设艺术的表现形式。尽管数字化陈设也存在一些挑战，如技术保障、用户体验等，但其对陈设艺术的促进作用不可忽视。未来，数字化陈设创新叙事方式将继续发展壮大，为"忙罢艺术节"中的陈设艺术带来更多创新和可能性，有助于更好地打造蔡家坡艺术村。

3.人性化陈设以增强互动性与亲近性

在"忙罢艺术节"中，不仅"数字化陈设"有所欠缺，人性化陈设也有待进一步完善。所谓人性化陈设，就是将艺术品与参观者之间的联系变得更加紧密，使参观者能够更加直观地感受到艺术品的情感和内涵。在传统艺术展示理念及其方式中，通常更注重作品本身的形式美和展示技巧，忽视了参观者与作品之间的互动和交流。人性化陈设理念则要求人们更多地关注参观者的需求和感受，以提升参观者的参观体验，以便增强艺术作品与参观者的互动性与亲近性。

互动性是指参观者与艺术品之间能够建立一种双向的交流和反馈机制，亲近性是指参观者能够更加容易接近和理解艺术品。在人性化陈设的实践中，可以通过以下几种方式来增强互动性和亲近性。

其一是设置互动展示区域。在展览现场设置一些可以让参观者参与互动的展示区域，如触摸屏、互动装置等，让参观者能够亲手操作和体验艺术品。"忙罢艺术节"中的许多陈设作品是与忙罢文化紧密相关的，许多参观者可能并不了解忙罢文化的内涵，也不懂一些农具的使用方法等。如果能让参观者亲身体验，将艺术品融入参观者熟悉的生活场景中，参观者就能够更加直观地感受艺术品的内涵。

其二是提供丰富的导览信息。通过提供详细的导览手册、讲解员服务等，帮助参观者更好地了解艺术品的背景和创作理念。

其三是定期举办讲座和研讨会。通过邀请艺术家、评论家等举办讲座和研讨会，让参观者有机会与专业人士进行交流和探讨。"忙罢艺术节"中的陈设艺术作品很多都是由艺术院校师生设计的。如果能够请他们来蔡家坡村宣讲，参观者就能更深入地了解这些陈设艺术的创作过程、背后的故事等，让参观者能够更好地理解艺术家的情感和创作动机，从而增强作品与参观者的互动性，使其对陈设艺术作品产生亲近感。

4. 建构具有多重文化价值的乡村陈设艺术空间

现今，构建具有多重文化价值的乡村陈设艺术空间是推动乡村文化繁荣的重要举措。在乡村这样一个特定的空间内，汇集与融合了多种文化元素，形成了独具特色的文化氛围，为参观者提供了丰富的物质与精神文化体验。基于对蔡家坡村乡村陈设艺术空间多重文化价值的分析，现就其空间构建策略提出以下优化建议。

其一，鲜明的地域性。乡村陈设艺术空间的构建应充分挖掘和利用乡村本土自然、社会文化资源，使之具有独特的地域标识性。虽然"忙罢艺术节"是以忙罢文化为基础的，但是关于蔡家坡村本土文化的体现还是不够鲜明。如果想打造具有地域特色的乡村陈设艺术空间，需要深入挖掘专属蔡家坡村的各种文化资源，与陈设艺术结合起来。

其二，艺术的复合性。乡村陈设艺术空间以艺术为核心，通过各种艺术生产方式，如绘画、雕塑、装置艺术等，将乡村空间进行美化、艺术化处理。"关中忙罢艺术节"所呈现出的乡村陈设艺术空间在整体完善性方面仍有较大的提升空间，既要做到各类艺术形式的相互补充，也要做到艺术内容与意涵的互融互通，使参观者在艺术复合性中获得完美的艺术体验。此外，有些陈设还是不够完善，需要进一步规划。

其三，充分的互动性。乡村陈设艺术空间强调参与性，让人们在观赏、体验的同时，能够参与其中，发挥创意，形成全民共创、共享的文化氛围。

具有多重文化价值的乡村陈设艺术空间还体现在历史文化价值、民俗文化价值、地域文化价值、现代文化价值等层面。乡村陈设艺术空间应充分挖掘乡村的历史文化底蕴，将乡村的历史、传说、故事等元素融入其中，让人们能够在欣赏艺术作品的同时，了解乡村的历史变迁，感受乡村的文化魅力。还应将乡村的民俗文化进行提炼和展示，如民间工艺、民间艺术、乡村节庆等，让人们能够体验乡村的民俗风情，传承和弘扬乡村文化。此外，应突出乡村的地域特色，将乡村的自然风光、地理环境、特色产业等元素融入其中，让人们能够感受乡村的地域风貌，增强乡村的吸引力。最后，要与现代文化相结合，将现代艺术、现代设计、现代科技等元素融入其中，使乡村陈设艺术空间具有时代感，满足现代人的审美需求。

所以构建具有多重文化价值的乡村陈设艺术空间，需要从以下几个方面予以实施：一是在政策鼓励和引导下，让社会资本投入乡村陈设艺术空间的建设，为乡村陈设艺术空间的建设提供政策保障的同时，也保证足够规模的建设资金的投入。二是饱含人文关怀的科学规划设计，使得乡村陈设艺术空间与乡村的历史文化、社会现实充分结合，在挖掘、盘点、选择乡村文化资源的基础上进行针对性的规划设计，确保乡村陈设艺术空间的特色和品质。三是在邀请艺术家驻村创作的同时，还要注重本村艺术人才以及普通百姓艺术素养的培养。乡村陈设艺术空间的构建既需要专业人才的支撑，如乡村文化创意人才、艺术设计人才、旅游管理人才等，还需要每一位居住在本村的村民，以及每一位来到村子的参观者提升自己的艺术审美素养，既能鉴赏陈设于村中的艺术作品，也能使自家常用的日常生活用品、生产与制作工艺艺术化，真正做到日常生活审美化。四是鼓励全民参与乡村陈设艺术空间的构建，通过举办各种农业生产、民俗文化以及其他种类的艺术活动，如农民画展、摄影展、手工艺品展、厨房大赛、社区艺术、乡村采摘、乡村旅游等，让人们在参与中体验乡村文化，形成全民共创、共享的乡村文化氛围。

四、结　语

广袤的中华大地上，乡村文化孕育了许多文化瑰宝。关中地区的"忙罢艺术节"以及忙罢文化在陈设艺术中的具体表现，具有整体性和独特性。"忙罢艺术节"中的陈设艺术既突出了劳动、合作、收获、欢乐的理念，也能从日常生产与生活用具、工艺中提取艺术符号，通过色彩、用途以及物与人的关系表达出乡村文化的独特氛围。对此种氛围的营造与传播，还需要结合 VR、AR 等新的传播技术手段与创新的叙事方式，使乡村陈设艺术的媒介化能够突破时空限制，最大限度地拓展其传播范围，在全民参与的情境下共同构建具有多重文化价值的乡村陈设艺术空间。

第二章　艺满大地：蔡家坡村的大地艺术及其媒介表达

　　大地艺术（Land Art、Earth Art 或 Earthworks）是指艺术工作者运用土壤、岩石、植物、泥沙、风、水、雨、雪等自然材料在大地上创作的关于人与自然关系之思的艺术作品，其创作观念通常直接从自然环境或自然过程中产生。① 大地艺术的兴起可以追溯到 20 世纪 60 年代末，以美国为代表的西方世界，是西方后现代主义艺术的重要思潮及形式之一。 大地艺术作为一种艺术思潮和艺术形式受到学界与社会公众的关注与认可，主要经由三次重要的展览：一是 1968 年在纽约创办的"大地艺术展"（Earthworks）；二是 1969 年在伊萨卡举办的"大地艺术展"（Earth Art）；三是 1969 年在波士顿展出的"土、气、火、水"展（Earth，Air，Fire，Water Exhibition）。② 通过这三次展览，大地艺术的雏形大致显现，其基本理念也逐渐清晰。 之后，大地艺术家大量涌现，创作热情日益高涨，艺术作品源源不断。 至 20 世纪 90 年代，大地艺术在短短 30 年里已经吸引了一定数量的艺术家、作品、艺术行为、理论和受众群体。③ 这无疑为探索一种新的人与

---

① 张健. 大地艺术研究[D]. 武汉：武汉大学，2011.
② Suzaan Boettger. The Ground of Earthen Sculpture[A]. In：Suzaan Boettger. Earthworks：art and the landscape of the sixties[M]. Berkeley：University of California press，2002：24.
③ 谷泉. 大地艺术[J]. 美术观察，2001(07)：68-74.

自然交往的友好方式提供了思想氛围。①

在我国,改革开放以来稳定发展的社会经济水平和日渐开放的社会思想环境,为大地艺术在中国的本土化发展提供了良好的条件。而且,随着乡村振兴战略的提出,大地艺术的内涵和发展方向也更加明确。②本章以鄠邑区蔡家坡村的大地艺术为研究对象,在分析其多种艺术表现形式的基础上,阐释大地艺术的文化表达及其价值与意义,欲探究大地艺术只有与乡村景观有机融合,才能营造更具时空特点的乡村艺术环境,为现代社会的人们提供独特的审美体验。

一、蔡家坡村的大地艺术及其价值

蔡家坡村位于陕西省西安市鄠邑区石井街道的 S107 环山公路南面,村子依秦岭北麓而建,村庄里麦田连片,果园点缀其间,构成一幅美丽的乡村自然画卷。村口左侧矗立着刻有"蔡家坡"字样的村名墙,右侧是用砖石砌成的"关中

图 2-1　蔡家坡村村口的"关中忙罢艺术节"砖石文字墙

---

① 张健.大地艺术研究[D].武汉:武汉大学,2011.
② 梁靖涵.大地艺术的"在地性"研究——以"艺术在浮梁"为例[D].唐山:华北理工大学,2022.

忙罢艺术节"文字墙，这两大艺术景观和村子后方的秦岭遥相呼应，整体体现出大地艺术中人和自然相融合的理念。

蔡家坡村有许多"大地艺术"景观，如麦田。麦田在蔡家坡村的大地艺术创作中十分重要，是承载大地艺术的主要载体。在"关中忙罢艺术节"中，艺术家们通过麦田创作了大量"大地艺术"作品。这些作品通常以麦子这一关中地区常见的农作物为创作原料，对其进行审美化创作，以呈现出独特的乡村景观。如图2-2所示，作品《麦田夜寻》是一个将夜晚、灯光和麦田有机组合而成的大地景观，营造出美丽又神秘的艺术氛围。这些艺术景观语言表达出感恩土地的馈赠、珍惜农民的汗水、呵护每一个生命的朴素情感，让参观者领会到深藏在大地艺术作品背后的符号象征意味。

图2-2 "关中忙罢艺术节"之《麦田夜寻》①

"终南剧场"是蔡家坡村的另一个大地艺术作品。如图2-3所示，"终南剧场"的构成要素基本以砖石和麦田为主，人们坐在由砖石和即将成熟的小麦"组成"的座位上，在物理感觉上摆脱了现代工业化材料构成的空间环境，在完全自

---

①关中艺术合作社.2019·第二届关中忙罢艺术节|麦田艺术展[EB/OL].(2019-06-19)[2024-12-18]https://mp.weixin.qq.com/s/7VuVBdNtnnPiF8c2r9ApmQ.

然的环境中观看剧场演出。舞台就搭在麦田上，秦岭就是最好的背景，"关中忙罢艺术节"就这样开场了。健美操、小品、秦腔、民谣、弹唱一一上演，500多名村民蜂拥而至。坐在"终南剧场"的座位上，闻着麦香，抚摸着砖石台阶，欣赏着演出，观赏者在物质和精神层面都能感受到蔡家坡村的大地艺术带来的美感。还有，"终南剧场"的演出项目和剧场的装置相结合，一起为观众带来视觉、听觉、触觉和嗅觉的多感官体验。观众沉浸在剧场的演出中，可以获得良好的体验。

图 2-3　"第三届关中忙罢艺术节"之"终南剧场"①

对于石塔和矮石墙这样兼具实用性和耐用性的"生活用品"，运用现代技术对其进行艺术加工，在保留自然特色的基础上，将其转化为又一种大地艺术作品，带给观者直观的、别样的艺术体验。如图 2-4 和图 2-5 所示，蔡家坡村的田间和民居门前陈设着充满艺术气息的石塔和矮石墙。它们一个是对老建筑的外观进行翻新，一个是对原材料进行再度加工。某种意义来讲，"翻新"和"加工"的方式颇为简单，或在高大的石塔上以彩绘的方式绘上色彩缤纷的图案，或

---

①西安美术学院跨媒体艺术系. 2021·第三届关中忙罢艺术节 | 麦田艺术展暨终南戏剧节开幕［EB/OL］.（2021-06-07）［2024-12-18］https://mp.weixin.qq.com/s/ii-9Q6B_mDUGdX26gFcJvw.

在石墙的石头上雕刻一只只眼睛。在看似简单的二次创作背后，仍然能读出此类大地艺术的审美意蕴。以石塔彩绘为例，整体图案分为三个层次，由低到高分别绘制了波涛汹涌的蓝色大海、昂首向上腾跃的红色鲤鱼、朵朵白云点缀的粉色天空。观者在鉴赏这一艺术作品时，艺术作品的观感与日常生活的经验形成明显的差异：带有彩色条纹的粉红色天空，红色鲤鱼呈现出剪纸的效果，湛蓝色大海上翻卷的白色浪花，如此"陌生化"的艺术手法创造出的艺术作品，自然不可按常理来理解，这就是艺术作品的独特魅力。在这一作品中，观者可以发现剪纸艺术、农民画、浮世绘、儿童画等多种艺术类型。它们并非机械地组合在一起，而是以地域文化中经常见到的主题将这些元素、类型有机地统合为一体，

图 2-4　彩绘水塔　　　　　　图 2-5　雕刻艺术《眼睛》

表达着人们的生活如鲤鱼跃龙门一样向新的高度跃进。可见，对实用性水塔的艺术再加工，寄寓着人们对美好生活再上一个台阶的朴素愿望。再读矮石墙，垒砌石墙采用的是不规则的鹅卵石，石头上雕刻有大小不等的眼睛，而且刻有眼睛的石头的摆放方向及位置各有不同，上下左右似乎较为随意，虽聚集一处，但目光朝向四面八方，似乎将观者的视觉焦点也引向不同的方向，由此引发出无限的艺术想象力。这种颇具后现代风格的艺术作品，在蔡家坡村的大地艺术中还有多处，如村中主干道8号公路边向四面反光的正方形的"房子"，按照快递包

装箱样子设置的巨型"包装盒"等。这些艺术作品虽然在艺术材料选用、艺术创作手法、艺术表达形式、艺术风格呈现等方面都各有差异，但总体上是此地大地艺术的重要组成部分。在人们移步的过程中，会以出其不意的方式为观者转换景致，并产生强烈的艺术冲击力。

这些由大地艺术构成的景观空间，在乡村环境中具有效用性和稀缺性的双重特征。一是将此类乡村景观视为自然环境、经济发展和社会文明三大系统高度统一的复合景观系统。① 在人和自然协调的基础上，蔡家坡村构建了属于自己的一种独特的乡村景观。二是这些独特的、富有艺术气息和当地民俗文化的乡村景观，都是以"微改造"为原则，在旧建筑或闲置建筑基础上进行设计建设，在植根于乡村日常生活与生产的前提下，以乡村美学促进乡村发展，使人与自然和谐共生的关系从理念转化为现实。三是这种独特的乡村景观吸引感兴趣的人们前来观光，强有力地带动了当地经济的繁荣与发展，尤其是以秦岭北麓8号公路为主线，推出艺术项目+民宿+餐饮+有机农产品+"忙罢艺术节"衍生品等多产业融合的新兴产业，吸引旅游从业人员达到200余人，年旅游综合收入1400余万元，2023年村集体经济预期收入80万元以上，②真正让绿水青山变成了金山银山。

二、大地艺术景观的媒介呈现类型

通常情况下，大地艺术是艺术与自然的有机结合，由此形成的大地艺术景观空间涵盖多种创意形式和设计元素，是通过对自然环境的设计与改造形成的一种景观空间类型，能够为观者提供丰富的视觉体验。

大地艺术景观应具有鲜明的独特性，其景观设计要基于当地的自然环境特点，依托当地的自然植被，根据地域时空的变化，围绕不同的表现主题，呈现出不同的风格和样式。不同于传统意义上的媒介呈现形式，大地艺术景观的媒介

---

① 王云才，刘滨谊.论中国乡村景观及乡村景观规划[J].中国园林，2003(01):56-59.
② 刘印，骆妍，李晗茹.秦岭山村的振兴路[N].陕西日报，2023-12-06(01).

表达类型需要多种媒介相互配合，其中主要有地形设计、植被设计、雕塑和装置艺术等，以表现特定的地域特色。在蔡家坡村大地艺术景观的构成中，地形设计是其媒介表现形式的重要方式。它将土地、草木、山石、河流等自然材料融入设计，这些元素不仅增加了景观的自然感，也为环境的可持续性和生态友好性做出了示范。一般而言，大地艺术景观设计的通行原则是根据当地的地形特征进行设计和改造，如山丘、平原、河谷等不同的地形特征有不同的设计策略。不同形态的地形，对人的视觉感受会产生不同的影响，通过改造和塑造地形，创造出独特的空间体验。以村子西边的曲峪河景观设计为例，河水从南至北流过村西，为降低河水的冲刷力度，设计者在河底设置多道拦水坝，并铺设片石和石子，既降低了河水的流速，也解决了水底泥沙沉淀的问题，使河水清冽见底。在水中，村民种植了水草、宜水盆栽等观赏植物，与岸边生长的格桑花、野雏菊、马兰、鸢尾等形成一道鲜花长廊。在岸边的草地上，设计者搭建了茅草亭子，以竹为栏，以木为座，观者或小憩，或赏花，或听水，或对着岸边的顽石发呆，或对着绿地雕塑沉思。这样的地形设计不仅可以呈现大地景观动态的轮廓和景观线条，还能为人们创造出具有深度和层次感的艺术环境。此外，大地艺术的地形设计还具有整体性思维，根据当地的实际情况体现出地域特色，并将当地的文化通过大地艺术景观的方式展现出来，给观赏者带来视觉冲击感的同时，也以最直观的方式让本地文化深入人心。蔡家坡村位于秦岭脚下，地势相对平坦，设计者通过消除田埂等田地边界的方式将数十亩麦田相连成片，以规模化的呈现方式进行整体性的艺术创作，并且随着小麦在不同生长季节的长势来呈现多种景观。此种设计所采用的规整的方式，既有利于作物生长，也有利于农民收割。麦收时节，麦田上呈现出另一番火热的景象，犹如一幅巨型的麦田收割油画。正如当地的农民所说："啥是艺术？割麦就是艺术。"

所以，蔡家坡村的大地艺术中，首要的媒介表现类型就是此地所独有的地形与地势，依托于地形进行设计是大地艺术景观重要的呈现方式，这不仅传达了设计者的思想，更是对当地社会生活、传统习俗、文化内涵的有效表达。正如评论家所言，大地艺术的创作以大自然的材料为载体，将多样化的地形塑造应用到现代景观设计中，形成独特的风格和表现形式。当地的地形和自然风貌很大程度上给予了设计者灵感，巧妙地将自然与艺术相结合，将视觉上的美感融入当地的文化特色，更能让观者徜徉其间，感受到真正的大地艺术之美。

蔡家坡村的植物设计在大地艺术景观中扮演着重要的角色，通过不同的植物样式，设计者能够传达出不同的思想情感和意义内涵，这种表现方式也是大地艺术景观空间中重要的媒介表现类型之一。设计者精心选择植物种类，对植物进行巧妙布局，可以塑造出丰富多样的植被景观，为空间增添生机和美感。如在蔡家坡村的麦田上，麦子被设计成不同的形式和样态，这种创意应用让麦田成为一个独特的艺术品，展现出大地艺术景观独有的魅力和创意。观赏者可以在麦浪中欣赏到不同形状和造型的麦子，感受植物设计的奇妙之处。每一年都有不同的主题和设计理念，但每一个设计都融入了设计者对这片麦田的深刻理解和感受。如图2-6所示，设计者拍下丰收后农民大笑的表情，然后做成刀旗插在麦田

图2-6　农民大笑的照片被做成刀旗①

---

① 关中艺术合作社. 记录|2019·第二届关中忙罢艺术节回顾篇[EB/OL].（2020-06-12）[2024-12-18] https://mp.weixin.qq.com/s/3f-dIQ-CMSr70bKHCV3LCw.

中，展现出"麦田真正的主人"的魅力。这些设计每年都会吸引众多游客来此地打卡拍照，不仅能感受自然风光带来的心灵上的慰藉，更能在这些精心设计的景观艺术中感受到劳作的美。植物的季节性变化也为景观注入了动态的元素，不同类型的植物在不同的季节和生长阶段会展现出不同的色彩，为景观带来丰富的变化和视觉吸引力。人们可以在不同的季节里欣赏到植物的生长和变化，每一季都有不同的景色和氛围为观赏者带来全新的感受和体验。可见，在大地艺术景观中，根据本地的特色和植物的特点进行多样化设计，既是情感与文化的缩影的呈现，也是蕴含着特殊文化内涵的一场赏心悦目的展演。

蔡家坡村大地艺术景观的第三种媒介表达类型是雕塑和装置艺术。雕塑和装置艺术是一种常见的景观表现形式，通过在物理空间中放置雕塑或装置艺术品，如巨石、金属构件或其他艺术品，创造出引人注目的三维视觉效果。这些艺术品不仅仅是装饰，更赋予了空间独特的氛围和情感，吸引人们与景观进行互动。在许多装置艺术作品中，观者可以通过装置艺术作品感受到艺术家强烈的张力和艺术感染力。蔡家坡村的大地艺术景观中，这种设计随处可见，不同的雕塑和装置艺术具有不同的意义和文化内涵。如"终南剧场"旁边的麦田里放置着一尊题为《大地之子》的雕塑：一个憨态可掬的孩童闭着双眼、蹬着双腿趴

图 2-7 雕塑《大地之子》

在大地上，仿佛在倾听大地的声音。孩童形象的雕塑，除了具有视觉上的震撼以及极强的观赏价值之外，还体现了当地人那种与土地之间血脉相连的关系：我们都是大地的孩子，只有在大地母亲博大、温暖的怀抱里才能酣然入眠。

此外，蔡家坡村的大地艺术景观中，还存在其他形式的艺术装置和互动活动，在麦田里为留守的孩子建造一座虚拟大厦，让他们去想象不在自己身边的父母如何在这座大厦里工作。这是设计者与当地的留守儿童共同创作的艺术装置。这种集体参与式的创作不能只理解为一次难得的艺术实践行为。它更是以艺术关怀的方式让参与实践者的真情实感得到肆意的奔流与表达，不仅将艺术的种子"种"在大地上，更将情感倾泻在广阔的麦田里。蔡家坡村还会在麦田里搭建剧场，人们可以在这个独特的剧场里观看表演，以麦浪和风为演出背景，在风吹麦浪里感受戏剧艺术的独特魅力。在收麦结束后，人们还会在麦田里举办吃面条的活动，这种独特的行为艺术展示了农民丰收后的喜悦心情。

蔡家坡村丰富多样的雕塑和装置艺术以及其他行为艺术，是大地艺术景观中常见的表现形式。它通过独特的造型和放置位置以及参与性的艺术实践活动，体现了设计者的灵感与创造性，也表达了当地人民的感情，传递了丰富的文化内涵，进行了一场浪漫而富有诗意的诉说。在大地艺术景观空间的设计过程中，设计师往往会根据特定的环境、文化、目的以及观众需求，灵活运用不同类型的媒介表现，以创造出富有创意和魅力的景观空间。这些媒介类型的结合与互动，构建了多层次、多元素的大地艺术景观，为人们带来了丰富的感官体验和艺术享受，并通过这些设计传递出独特的情感内涵。这既是一场设计秀，更是一场折射当地人民智慧的文化舞台秀。

三、大地艺术景观的环境构成

随着我国城市化进程的高速发展以及带给人们的紧张感，乡村生活正在成为人们追求宜居环境的热门选择。大地艺术作为一种需要与周边环境相融合的艺术形式，逐渐成为改善人类生活环境的有效手段之一。在蔡家坡村，麦秆雕塑、麦田装置等大地艺术以及参与式艺术项目、社会性艺术、大型壁画等多种类型的艺术作品，让艺术现场和乡村融为一体，为当地村民与其他观者提供了可供观赏的艺术景观空间。

现如今，大地艺术景观中的要素不再是单个离散的空间零件，而是进行了系统整合，属于被叠合的空间。蔡家坡村整体的空间布局分为三个层次：南边是秦岭山脉，北边面向关中环线和西安主城区，中间是村子。村中的田地种植了粮食、蔬菜与瓜果，如小麦、玉米、葡萄、柿子、樱桃、猕猴桃等。这些粮食和经济作物本就为大地艺术景观提供了"画稿"，设计师可在此进一步创作，使之呈现出与周边环境相协调的完美景象。

大地艺术基于的"环境"在现代景观设计中具有一定的独特性，这也是其他艺术形式难以企及的。大地艺术是与大自然相互交融的一种艺术形式，必须以大自然为载体，遵循自然规律，不做过多的干预，让自然界中的事物自在地存在，如山川草木、河流田地、土石泥砖等。当然，这些自然界存在的原材料还需经过艺术家们的构思与设计，对其进行创新性的创造，通过某种艺术表达形式成为与环境融为一体的艺术作品。如艺术家以村中的流浪猫为创作原型，制作了一个大型猫形气球，放置在村西边的草地上。"流浪猫"气球以独有的设计思路和大胆的创作手法，让流动的线条、简单欢快的几何形状转化为具有当地特色的、富有景观生命力的、洋溢着浓烈的人情温暖的大型造型艺术，吸引了很多年轻人在草地上围坐、嬉戏。芳草茵茵的草地、呆萌的"流浪猫"、青春活泼的年轻人，这何尝不是又一件艺术作品，而且是时时变动的、不断创新着的艺术作品。

在大地艺术景观设计的过程中，设计人员注重营造独特的意境，挑选符合当地气候和文化特性的植物，减少后期维护的成本。蔡家坡村在进行景观设计的时候选择了简单的景观元素，如石板、卵石、木材等，这些元素都可以创造出自然、质朴的景观。通过最方便的材料，创造出最和谐的景观，提高场地利用的可持续性和生态价值，为人们提供更好的生活环境。艺术家武小川及其团队在五亩麦田上搭建出了一个有麦子香味的舞台，在麦地里创作艺术作品，用麦秆和钢架制作了巨幅装置作品《麦霸》。他们还用树枝、麦秆搭建高高耸起的巨型鸟巢，将LED屏放进去，受邀而来的秦腔剧团、健美操队伍等均在此演出。这里既是充满雕像、绘画的艺术空间，也是村民自制小品的田野小剧场。他们以关中大地为舞台，以巍巍秦岭当背景，以浪漫星空作映衬……可见，在广阔的天地之间，运用简单原始的形式，创造富有浪漫色彩的，与自然物质及其演化过程同构共生的艺术作品，展现了大自然的力量，诠释了艺术家们对艺术的全新理解和感悟。

"天地有大美而不言，四时有明法而不议，万物有成理而不说。"庄子"物我为一"的美学思想可以解释大地艺术家是如何通过作品与自然环境融为一体的，且取材于大自然中的万物的。大地艺术的主要特征就是与自然亲密无间，其创作目的不是把自然环境塑造成人们期望的样子，而是将自然作为艺术家的创作灵感，将自己的创意融入自然环境中且与之交融，使其成为一个完整的艺术整体。艺术家使用的材料可能是石头、泥土、树枝、秸秆等，这些材料都是自然环境中的普通物品，但经过艺术家的雕琢和创作，变得充满艺术性和独特性。如在农田里展现的艺术与自然相结合的艺术景观，其外在表达形式和大地艺术有着异曲同工之妙，也是大地艺术的表现形式之一。它的主要表现形式是与田间的农作物相互融合，不仅使农田充满艺术性，也可以作为观光旅游的首选。人们不仅能在旅途中领略当地的风土人情从而放松心情，更能从旅途中获得对美的感受以陶冶情操。随着农田景观和休闲旅游的深入融合，既丰富了农田景观的观赏内容，拓宽了农田景观的发展模式，也成为众多学者不断思考的新课题，文化赋能无疑成为农田景观发展的新方式。

大地艺术设计是一种以"艺术"与"美"为切入点的景观设计方法，打破了人工与自然之间的界限，不像传统建筑那样生硬或与自然环境保持着一定的间隙，也不像传统自然那样似乎是纯粹化的自然，而是将这两类形式融合在一起，形成了大地艺术。大地艺术是大地上的景观，大地景观也是大地上的"艺术世界"。在这个"艺术世界"中，艺术化的景观空间为人们提供了一种三维的艺术体验方式，使人们本身就生活在艺术中，并逐步建构起人们充满艺术意蕴的文化心理结构。

四、大地艺术景观的文化表达方式

大地艺术作为一种生于环境之中，并且高度仰赖空间进行叙事的艺术形式，善于借助艺术作品的空间介质以达到幽微情感的外泄与价值偏向的表达，借此引发观者对空间环境中要素的感知。处于天然空间陈列结构中的蔡家坡村，借助其已有的山水、原野、村落、道路、墙体、农具等空间要素，二次生成壁画、雕塑、看台、地面绘等崭新的空间元素，为艺术村落的原始符号构建起了崭新的语义空间与解读范畴。这样的艺术呈现方式主要可以从环境互动、语义再生和符号再现三个维度进行理解。借助这样的三层表达途径，大地艺术的景观空间得以搭建完成。

（一）以勾连的方式形成艺术与环境之间的互动

法国空间哲学家列斐伏尔曾指出，空间是一种中间物和一种媒介。换言之，在其存在状态之外，空间更是一个作为中介存在的手段或者工具。空间的物理意义之外，其意识形态属性与知识属性同样难以忽视。

空间之网覆盖下的蔡家坡村，既有着自然景观的先天优势，又不乏人文社区与地貌互动带来的后天文化遗产。在由山水、原野、土地共同织就而成的自然景观上，一方面，蔡家坡村承袭了这一独特的地貌特色，被东南方的曲峪河与西北方的渭河引水渠缠绕环抱，将金龙峡苍翠的山峦作为画幅的底色，与无垠的旷野共同构成了一幅相映成趣的自然景观图。另一方面，扎根于原生土地肌理的蔡家坡村，始终保持着与自然景观的有机联系。无论是田野中的露天红砖看台,还是背对青山的印象雕塑,抑或是匍匐于大地之上的《大地之子》,都在塑造再生成意义空间的同时,始终与村落赖以生存的土地根基遥相呼应。这种"生于斯,长于斯"的生态依存关系深深嵌于这片被土地供养的村落中,以追本溯源的方式探索意义再造的空间与疆界,达成了与传统村落环境的积极互动。

这样的良性循环在蔡家坡村搭建的大地艺术——"秦岭之眼"中得到了最显著的呈现。通过在村落随处可见的小型鹅卵石或握拳尺寸的圆石上雕刻瞳孔状的图案,再将经过加工、雕刻且带着眼孔的石子汇聚为村落的日常建筑(如石椅、栅栏、院墙等),形成蔡家坡村中零星分散的、不易引起注意的"秦岭之眼"整体景观。借助石头这一象征着人类文明起源的工具载体,赋予其象征人体与外界沟通桥梁的眼睛,既传达出秦岭化作一道目光凝视着人们千百年来的举动,所表达出的肃穆之意,也传达出一种人与自然共存,二者在同一母体中合二为一的深刻意蕴。

在这样的良性互动中,村落与文脉之根得以被承袭,探索开辟的疆域又有据可依。村落在再建的始终都自内而外渗透出了一份土地给予的精神风韵与文化底色。山水原野自成人类文明探索的底气与根基。

1. 嵌套:语义再生

而在崭新语义的建构过程中,大地艺术通过对自然空间的建构,将艺术家的观念、情感和思想具象化。在这样的艺术处理方式中,空间既是表达的物理载体,也作为表达本身存在,更是承载语义再生的引信与助燃物。

以此呈现方式展开叙事的最典型的大地艺术例证,莫过于每年现身于鄠邑区蔡家坡村"关中忙罢艺术节"广袤原野中的麦田画作。在一幅完整的麦田画作中,土地既是大地艺术作品的展示载体,也像天然画布般为艺术创作提供空间依托。与此同时,它还作为生态基质滋养着其他各类农作物的生长。此外,更重要的是,土地所蕴含的浓厚的情感记忆与文化根脉,充当着艺术创作者的灵感来源。四重身份的重合,让大地这片简单的空间开始产生多维的跃升。叙事手段成了叙事对象,更有甚者,成为事物本身。空间成为多重语义再生的天然培养皿。借助对这片空间的编排和再造，艺术家可以讲述一个根植于土地的深刻的故事，探讨人类与自然、社会等多重维度之间的关系。

这样的语义再生在艺术作品《大地之子》中同样可见一斑。匍匐于收割后的麦田中央的大地之子，面目温和，神态安详，棕色的身躯与大地融为一体，仿佛在丰收后的艳阳天里满足地陷入母亲的怀抱沉沉睡去。大地之子的形象实则是对丰收的大地的依赖情感的拟人化再现。土地的孩子既可以指向丰收的粮米果实，也可以指代仰赖土地生长的人类。大地之子安详的面目传递出的情感既可以阐释为对土地的依赖，也可以阐释为对土地的感恩。多重语义在艺术设计者的手中以土地为原型不断生成。这些根植于土地的艺术作品在回归乡土场域后，又作为景观被后来者不断地解读、阐释、传递，为文化意义的拓展创造了无限可能。

2. 还原：符号再现

在创造与生成语境及意义之外，蔡家坡村的艺术景观还承担着一项最基本的文化功能，即对当地村落人文生态的记录。列夫·托尔斯泰曾经指出："艺术家对人物和事件的理解虽然有所不同，但他们像史学家一样，也应受历史资料的支配。"换言之，艺术虽然蕴含着超脱物理空间限制的想象力，但其本质仍植根于现实生活的创作基础。蔡家坡村的大地艺术作品，正是这种基于现实的忠实记录与遐想延伸的艺术再造的结合体。

以陈列于蔡家坡村的木材与皮质混制的巨型蟋蟀雕塑为例，陈列于展馆正中央的虫形雕塑，以半写实的方式还原了蟋蟀的体貌特征。而这份艺术还原在等比放大的基础上，又在蟋蟀的翅翼上绘制了鸟雀、锦鸡等半抽象的禽类动物彩绘，赋予了雕塑一丝象征意味，以此达到了在忠实记录丰收野趣的同时，又进行艺术性的想象与延伸的效果。这样的交融一方面补充了有关乡村丰收图景的留白，另一方面，符号性的呼唤也使原生的现实场景得以再现。生机勃勃的农耕图景借助田间生命的符号再现于人们的感觉之中。

与此同时，以相似的方式进行符号再现的，还有艺术创作者们对锄、锨、钉耙等农具的艺术记录与改造。这些源自土地与农耕生活的文明产物，因参与人类生产实践和环境改造，在实用功能之外更被赋予了符号价值。它们犹如一把开启时空之门的钥匙，让观者得以突破时空限制，在想象力的引领下重返农耕场景。经过艺术提炼的文化符号，最终成为记录文明轨迹与历史记忆最为真切的载体。

由此可见，符号本身的特质为大地艺术的生成与解读提供了最为便捷的途径。一方面，符号所具有的简洁、凝练性，恰到好处地迎合了艺术创作"犹抱琵琶半遮面"的需要，广受大地艺术创作者的垂青。另一方面，符号承载的丰富文本内涵，又为景观观看者的多重解读搭建起了语义空间，使艺术的内涵得以延伸。在这样的双重属性下，艺术记录与还原、再现与再造的功能同时呈现，景观空间的文化在多重意涵的交织下，得以最大化地释放符号的力量，建构起一片独特的文化表述空间。

（二）大地艺术景观空间的文化意涵及其媒介化

1. 地缘·探索农耕文明的多样表达

蔡家坡村是陕西省西安市鄠邑区石井街道下辖村，距西安市区50多千米，地处秦岭山脉北麓，终南山脚下，环山公路穿村而过。艺术的介入让这个偏僻贫穷的山村成为远近闻名的网红打卡点，先后获得"全国乡村旅游重点村""陕西省美丽宜居乡村""陕西省乡村旅游示范村"等荣誉称号，同时也成功入选全国巩固拓展脱贫攻坚成果村级实践交流基地名单。

每年夏收后，关中农村都会定下招待亲朋吃酒席、庆丰收的日子，解决完温饱问题，忙碌时顾不上欣赏的社火、戏剧、露天电影就可以提上日程，这样的时节就被称为"忙罢"，也是蔡家坡村"忙罢会"的来历。背靠终南山，远离忙碌的城市生活，蔡家坡村将传统关中村落的模样保留得很好。西安本土艺术家宋群就曾说，蔡家坡村"有一种密集的日常之美，保留着浓浓的传统意蕴，特别适合被艺术化"。随后，原本就关注西安本土文化和城市记忆的他，受邀作为蔡家坡村的"艺术村长"，开启了以文艺赋能乡村，以艺术唤醒乡愁，逐步将蔡家坡村打造成集展演、文创、旅游于一体的文艺村落的新旅程。西安蔡家坡村的"忙罢会"也升级为"关中忙罢艺术节"，沿着"守正创新"的新路线得到了长足发展。

现在，"关中忙罢艺术节"将传统的乡村戏曲等节目完整地保留下来，让游客得以窥见关中农人的豪迈和直爽，一同分享农忙后难以言喻的丰收喜悦。同时艺术节还引进了戏剧展演、艺术装置展、摄影展、乡村艺术对话等更加"时髦"的艺术形式，用更新、更时尚的方式展现农耕文化的魅力，打造了一批取材自蔡家坡村，服务于蔡家坡村的乡土艺术作品。

土地是农耕文化最重要的一环，大地的平缓与否、土壤的酸碱程度等决定了能够在这里生长的植物，也塑造着一方人的性格，如何将脚下的大地充分应用起来作为农耕艺术的又一表达，这是摆在艺术家们面前的一个问题。大地艺术就是在这个不断探索的过程中，以极其契合原始村落的"粗粝、环保、自然"的姿态被艺术家们纳入考量。随着季节轮转变化，大地艺术已经成为蔡家坡村艺术村落建设的重要一环。

2. 联动·打造多元艺术形态互动空间

作为当代艺术的代表形式之一，以罗伯特·史密森为代表的大地艺术领军人物，希望通过一系列改造自然景观的作品，让大众更好地理解人与自然的关系。大地艺术的形式也十分多样，大到改造大型的自然景观，如造出一座堤坝，包围一座岛屿；小到使用几片树叶，踩出几个脚印……作为自然的一部分，大地本身就是多样的。国际上将大地艺术的载体定义为"泥土、岩石、土壤和其他自然材料"。蔡家坡村有广袤而平坦的农田，有完成硬化的柏油马路，还有介于二者之间的乡间小道。它们都成为大地艺术的载体，相互辉映，共同构建出层次丰富的大地艺术表达体系。

大地艺术的初衷是提高人类对环境的敏感度，蔡家坡村艺术形式的多样性实际上也反映了当前生活环境的多样性。行至"终南剧场"，就能看到《大地之子》（与甘肃省瓜州县的《大地之子》同为艺术家董书兵的雕塑作品）被麦田环绕，也能看到分布在村庄各处的雕塑和装置艺术作品。这些遥相呼应的艺术作品和远处的终南山都被映射在剧场前的一面竖立在土地里的镜子之中，绘在村落洁白的墙面上，而这面墙的旁边就是为村里老人设计的巨幅海报。

排列整齐的民居坐落于青山怀抱之中，宽阔整洁的道路上穿梭着忙碌的游览车，白墙青瓦、绿树成荫、鲜花绽放，各种艺术形式被融入这个村落，体现了现代与古朴的调和。在蔡家坡村，大地艺术同其他艺术相互驱动，互为装点，共同构成艺术与农耕文化碰撞的文化空间——在这个空间里，村庄里踱步的老人、墙角晾晒的玉米和身后连绵的终南山都成为艺术空间里的重要元素，缺一不可。在这个空间里，灵感源自大地又归于大地，充满前沿艺术气息的雕塑与大地紧密相融，蕴含着现代科技的装置陈设与古朴的农耕场景展开对话，最终实现艺术创作者与农人之间的情感互通。

3. 合力·共建艺术村落崭新样态

蔡家坡村的发展成果是艺术改造乡村的一次成功"试验"，是当地居民、各地艺术家和各级政府部门合力打造的艺术村落崭新样态。西安是我国高校数量较多的城市，专业人才的数量也相当可观，蔡家坡村充分将这一特点利用起来，与当地高校达成合作，携手诸多水平较高的设计与艺术类人才，以专业为起点，深挖当地美丽乡村的文化艺术价值，借助多样的艺术表达展示美丽乡村的新样貌。蔡家坡村的大地艺术创作实现了对当地人才优势的有效利用，以艺术的思维提取现有元素，再经由高校研究者、设计师和艺术家，甚至是在校学生共同创作，将多姿多彩的创意思维重新组合应用，将文化元素与乡村的生态、生活和生产空间进行融合，助力蔡家坡村呈现出人与自然水乳交融的和谐画面。

2018年，先后有上百位全国各地的艺术家来到秦岭终南山下的这个小山村，墙壁画、共享书屋、大地艺术品成为这里的新景观，各类音乐节、戏剧节的举办，也让爵士乐、交响乐、先锋话剧走进了村民的生活。这场"试验"源于西安美术学院实验艺术系的师生。当时,这些师生前往蔡家坡村调研时,发现村里多是留守的老人和小孩,村庄明显"空心化"。于是,他们利用关中平原的"忙罢会"发起了"关中忙罢艺术节"。

农田是大地艺术的主要"舞台"。因此,要想做出视觉效果震撼、占地面积广阔、内涵深刻多样的大地艺术作品,少不了当地居民的积极配合。西安美术学院的教授武小川是第一批在蔡家坡村进行艺术实践的艺术家之一。他带领团队在村子里租下5亩麦田,创作了巨幅作品《麦霸》,是第一届"关中忙罢艺术节"的"重磅嘉宾"。次年,镇里的村干部主动找到武小川希望"再干一次",村民们的理由简单而质朴——"去年村里明显热闹了"。经过六年的发展建设,这里的村民已经逐渐意识到:"切菜是艺术,割麦是艺术,生活本身就是艺术。"

除了充分利用人才资源,蔡家坡村的发展也充分依赖当地政府的支持。艺术家们的理念被写入当地政府建设文件,比如"保留自然风貌,坚持就地取材""不能随意拆除传统民居""不建议采用彩钢瓦、PVC塑料等与农村风貌、秦岭风光不符的材质用作建筑构件"等。这些建设性文件为蔡家坡村的建设发展提供了系统的规划,从政策层面为蔡家坡村的农耕场景保护性开发定好了基调,充分保障其发展理念的一致性,为蔡家坡村的长期绿色发展提供了可能性。

(三)蔡家坡村大地艺术景观空间媒介文化表达反思

1. 农田景观类作品季节性过强,可欣赏性差

作为以农村为主体的旅游场景,农田景观类作品是蔡家坡村大地艺术的重要组成部分。蔡家坡村的麦田画、农田装置艺术等,都对农作物的生长周期有着很强的依赖性。无论是每年开春连片的冬小麦返青,还是四五月份小麦疯长时期,抑或是每年6月麦田景观的"艺术高潮"——收麦时节,小麦的不同生长周期赋予了蔡家坡村农田景观类作品不同的生命力。除小麦外,葡萄也是蔡家坡村的另一种植主力,成片的葡萄园也赋予了蔡家坡村另类的田园风光。因此,蔡家坡村农田景观类作品欣赏的最佳时机在每年的夏秋两季,此时也是蔡家坡村

IP 品牌"关中忙罢艺术节"筹备和举办的时候，但是随着艺术节的结束，农田景观的观赏价值似乎也打了不少折扣。

前文曾介绍，蔡家坡村的农田景观类作品依托于秦岭脚下的平坦地形，将成片的麦田、葡萄园通过艺术整合，与雕塑及装置艺术相呼应，赋予空间独特的氛围和情感，吸引游客与景观进行沉浸式互动。随着互联网的发展，游客群体的传播力不断提升，对于蔡家坡村的宣传已经没有严格的主体、时间区分。同时在后疫情时代下，人们对于出行的需求也在增长。在快节奏的生活环境下，周边游成了都市人群的首选。而位于西安周边的蔡家坡村，无疑成为西安市民周末出行的最佳选择之一。但处于晚秋与冬季的蔡家坡村农田景观，由于农作物的生长周期结束，土地进入休整期，在这时显得荒凉与乏味，与农田景观相配合的装置艺术也显得"形单影只"，难以营造出应有的艺术氛围，给参观者带来不好的观赏体验。如何在农闲时节而非出行淡季激发出农田景观的新活力，是蔡家坡村大地艺术需要攻克的难题之一。

2. 大地艺术作品缺乏系统性的艺术设计

从踏入蔡家坡村村口的那一刻，就可以感受到这个关中小村落所蕴含的强烈的艺术能量。蔡家坡村的大地艺术作品包括地形设计、雕塑和装置艺术以及植物设计等多种类型，与村落中的墙绘艺术、装置艺术、陈设艺术一同营造出独特的浓厚的艺术氛围。整个村庄围绕着关中"麦客文化"进行主题创作，地缘特色突出，风格强烈。但是，就大地艺术这个板块而言，除了上述提到的农田景观类作品季节性过强外，作品与作品之间的关联度不高，显得过于零散，碎片感较强，没有一个统一的风格定式与主题。如麦田旁边的特色雕塑《大地之子》，体现了大地母亲的无限包容，也体现了人与自然和谐共生的理念。再比如在麦田中矗立了多面镜子，不同季节的麦田从镜子中反射出来，展现出自然环境的辽阔与豪迈。此外，不同的麦田景观画也有不同的主题，表达了不同的思想内涵和文化底蕴。

这些艺术作品对于参观者来讲，如果没有深入的了解和深厚的文化功底，往往很难快速理解每一个大地艺术作品所蕴含的主题思想，也很难理解每一个大地艺术作品是否存在着深层意义上的主题联系，所见带来的更直观的感受是每个艺术作品都很特立独行，艺术内涵深厚，但并没有产生将大地艺术作品联系起来的意识。

依托于农作物或乡村的艺术形式，除了已经固定的装置与雕塑艺术，大部分是可以随着农作物的生长周期来重整或更改。要加强大地艺术作品之间的联系，可以每年配合"关中忙罢艺术节"的主题，进行相关设计和涂装更改，将大地艺术作品之间的联系变得更直观、更具象，使参观者一看便知。

3. 对周围自然景观资源的挖掘不充分

走进蔡家坡村，会不由自主地感叹它与秦岭山脉的距离如此之近。作为秦岭脚下的村庄，蔡家坡村将开发重点聚焦在村落内部，包括农田景观的艺术设计、雕塑设计艺术、装置艺术与墙绘艺术等，还将村民们闲置的民居进行重新设计装修，引入咖啡厅等流行文化。但是它对于附近秦岭山脉的艺术性开发使用仍显缺乏。山川和水域也是大自然的重要组成部分，大地艺术家与设计师们十分青睐自然山体和水体。针对秦岭山脉的开发利用，可以以每年"关中忙罢艺术节"的主题为切入点，通过叠加的方式打造奇观异景，也可以通过其造型或色彩将艺术家的设计理念展现出来。

同时，蔡家坡村沿河而建，从生态角度来看，需要着重考虑水位的季节性变化带来的河水景观的可观性变化，使水面与岸边呈现一种生态化的交接，为野生动物提供良好的生存环境。水是景观设计的重要要素之一，将水运用得当可以给景观增添很多观赏性。水在自然农业观光和景观设计中具有重要的作用，科学利用水资源和山石景致，通过造景手法可以让景观变得更加别致丰富。在对秦岭山脉和村落河流进行艺术性开发的同时，要结合生态性营造策略，从生态方面进行考虑，将对秦岭山脉的植被保护、生态保护以及对水源的保护放在首位，对所处的地缘优势和自然景观进行深度开发与利用。

五、结　语

　　大地艺术是一种蕴含叙事性的、感性与理性交织的整体性艺术形式，通过运用简单的素材与设计手段，将艺术家的设计理念融入其中，设计出引人入胜、意义深远的独特景观。蔡家坡村的大地艺术设计风格突出，文化底蕴深厚，对整体的艺术氛围营造起到了十分关键的作用，也在一定程度上反映出关中人民积极拥抱生活的态度，以及对于土地浓厚的情感寄托，展现出了独特的魅力和鲜明的风格。生活在这里的和来参观的每一个人，正如"终南剧场"对面的雕塑《大地之子》一样，不断地从大地母亲的怀抱中汲取力量，向上成长。

第三章　墙上春秋：蔡家坡村墙绘艺术的媒介功能与在地性表达

公共艺术是一种与大众生活紧密相连的艺术形式，在塑造公共文化空间、传播大众文化等方面具有重要的实践功能。作为公共艺术重要组成部分的墙绘艺术，是一种有别于传统纸本绘画的艺术表现形式。墙绘艺术这种独特的艺术形式，不仅继承了传统壁画的表现形式，拓展了传统壁画的题材类型，还以媒介形式承载着对某一地域和地方人文精神的特殊表达。本章以蔡家坡村的墙绘艺术为研究对象，通过对墙绘艺术的在地性观察，检视墙绘艺术与蔡家坡村自然环境的融合与创新。墙绘艺术连接着人们的生活场景，不仅艺术化地呈现日常的生产、生活以及精神文化世界，还重构与提升传统乡村文化，并在现实经验层面上充分说明艺术的生活化和生活的艺术化在当今具有重要的现实意义。①

一、乡村墙绘艺术的多种功能及其有效发挥

墙绘艺术发展历史悠久而漫长，两万年前的洞窟和摩崖岩画可谓是最早的墙

---

①李建盛.公共艺术与城市的文化空间建构[J].华南师范大学学报（社会科学版），2017(01):150-156+192.

绘形式。秦汉时期的墓室壁画，唐代的墙绘壁画，明清时代的佛教壁画，勾勒出墙绘艺术发展的大致轮廓。在当下时代，墙绘艺术依然发挥着不可替代的作用，在环境改造中具有美化装饰、宣传教化、经济效益等多种功能，成为艺术设计与创造中的一个重要品类。近年来，墙绘艺术的适用范围有所扩大，逐步扩展到广大的农村地区，在美化乡村环境、促进乡村信息交流与文化传播，以及户外传媒产业发展方面起着越来越重要的作用。

在当代乡村，墙绘艺术具有较强的装饰功能。作为安全防护的建筑外墙、院子围墙等，因创作者用颜料在其表面绘制上一幅幅色彩斑斓的画作，使得这些砖墙成为吸引人们视觉注意力的视觉文化之墙。由此，视觉文化载体的文化墙就构成了乡村的一种独特景观。此种景观的独特性，一是它们使物理空间具有可识别性，如一些特色文化墙经常被作为一个地点的显著标志；二是它构成了一个个具有象征性的符号识别系统，诸如鸽子、牡丹花、麦穗、棉花等图案的绘制，寄寓着当地民众对于丰收的美好希冀；三是它也是一个个信息展示平台，墙绘艺术的多元符号组合，既可以呈现单一的图像、文字、色彩等信息，也可以展示具有审美想象力的、丰富的艺术信息。总之，墙绘艺术作为建筑物的"封面"，有着较强的装饰、美化功能，也是其成为景观艺术的重要因素。

在墙绘艺术成为乡村村街巷道中一道美丽的风景线，并为乡村居民打造具有艺术美感的宜居环境的同时，也能使村街巷道的规划更加统一合理。尤其作为公共空间的建筑物表面，是乡村景观的重要组成部分，在上面进行艺术创作，对美化公共空间的景观环境，改善乡村居住氛围，提升乡村环境品质有着十分重要的作用。

在装饰功能之外，作为一个将视觉设计和环境艺术完美结合的传播媒介，墙绘艺术是一个展现与传播当地文化的重要平台。现代墙绘是面向大众的艺术，有着服务范围广、信息输出时间长的特点，这些特点有助于发挥墙绘艺术的宣传功能。具有地域性特色的墙绘艺术也可以对当地特色文化进行深度挖掘，当地民众的衣、食、住、行等日常生活状态可以入画，喜、怒、哀、乐等生活情态可以被描绘，他们风、霜、雨、雪的生存际遇可以被描摹，生、老、病、死的人生经历可以被书写，这不完全是墙绘艺术对现实生活的展现，更是对地域特色文化的综合呈现。当然，墙绘艺术的内容可以分为政策文化宣传、公益宣传、乡村形象宣传等，以此使墙绘成为一张"乡村名片"。

还有，乡村墙绘艺术对乡村居民的道德建设有着积极的引导作用。墙绘艺术绘于人们生活的公共区域，居民无论行走与驻足都能观看，是真正意义上的沉浸式艺术媒介。那些展示村规民约、诚信守德等道德规范内容的墙绘艺术，作为乡村居民思想道德教育的传播载体，对村民的道德文化建设有很好的引导作用。再者，乡村墙绘艺术是属于当地居民的一种大众艺术。它强调区域内的特色历史文化，展示当地独有的人文风貌，对村民共同体的巩固以及村民的文化认同有积极的促进作用。在乡村振兴战略背景下，墙绘艺术更多来自乡村居民的生活本身，因此乡村中许多村街巷道墙面上的墙绘艺术就地取材，选取了当地的好人好事，或是当地的传说，非常贴近当地居民的生活，有助于当地居民树立良好的思想道德意识，建构乡村文化形象。

在此必须强调的是，在乡村的经济建设发展过程中，墙绘艺术也起到了关键性作用。经系统规划后创作的乡村墙绘不仅可以美化乡村环境，还可以打造乡村文化IP，塑造独特的乡村文化品牌，在展现乡村文化的同时，为村民们带来一定的经济效益。目前，乡村墙绘艺术已经成为乡村文化产业的重要组成部分，产业化发展已进入相对成熟的时期，在提高城乡居民的生活环境和生活质量的同时，其文化经济将会发挥越来越重要的作用。

乡村墙绘艺术在现代乡村社会文明建设中扮演着重要的角色，在营造乡村文化氛围，塑造乡村文明形象，提升乡村审美品位，提升乡村文化经济等方面具有不可忽视的作用。对乡村墙绘艺术多种功能的说明，意在强调它应更加充分发挥现代墙绘艺术的公共性和时代性,其创作不仅要满足民众的审美需求,做到与整体空间环境相结合,还要与观赏者进行深度对话,引发观赏者的深入思考,进而实现真正意义上的墙绘艺术的社会性功能。

二、蔡家坡村的墙绘艺术及其承载意义

位于秦岭脚下的蔡家坡村,通过丰富的乡村艺术实践活动使整个村庄焕然一新:昔日落后的小山村蜕变为自然风光旖旎、艺术气息浓郁的魅力之乡——乡村文化环境建设日趋精细,文化旅游产业不断完善,游客络绎不绝,村民文化经济收入稳步提升。关于蔡家坡村墙绘艺术的文化呈现及其在地性问题,将从以下几个方面展开。

1. 以墙绘艺术承载特色文化记忆

德国文化历史学家扬·阿斯曼认为,文化记忆是摆脱了日常并超越了个体间交流的记忆。[1] 它通常是由特定的社会机构借助文字、图画、纪念碑、博物馆、节日、仪式等形式创建的记忆。[2] 在蔡家坡村的各种墙体彩绘中,就承载着不少根植于村民心中的文化记忆。

在进入蔡家坡村主干道的入口不远处,能看到五幅典型的农民形象版画墙绘作品:他们戴着草帽,身着下地劳作时的装束,每位人物头顶写着一个本地人熟悉的词语——"潖伙""喔也""谝闲传""忙罢""僚咂咧"。如图 3-1 所示,这些并不是生涩难懂的艺术词语,而是从老百姓在日常生活中经常使用的口语中精选提炼而来,高度浓缩并体现了关中大地"忙罢会"的生活情态,夏收"喔也"了,可以呼朋唤友地"谝闲传"了,新麦磨的面粉"僚咂咧",美

---

[1] 扬·阿斯曼.文化记忆:早期高级文化中的文字、回忆和政治身份[M].金寿福,黄晓晨,译.北京:北京大学出版社,2015:13.
[2] 莫里斯·哈布瓦赫.论集体记忆[M].毕然,郭金华,译.上海:上海人民出版社,2022:10.

美地咥一海碗油泼面，真是舒心又"潺伙"。可见，这些日常生活中的代表性词语，就是当地民众心目中农忙后的象征，能够充分唤起当地民众关于丰收的记忆。将熟悉的方言通过生动形象的墙绘艺术形式表现出来，使铭刻在记忆中的喜悦之情延续至当下。这一艺术表达形式不仅把当地以农业产业为经济支撑的丰收记忆呈现于此时此刻，而且通过墙壁上的五个方言角色拉近与游客间的关系，即使游客从未体验过忙罢文化，但由于承担记忆主体的媒介从人转变为墙绘艺术作品，文化记忆就附着在了墙绘作品之上。人和艺术作品传播的信息和效果有所不同，口耳相传的记忆传播范围有所限制，传播内容也可能失真，而通过记忆传承媒介的转换，即通过墙绘艺术这一途径，伴随艺术的审美，能够打破这些限制形成满足当下社会发展需要的记忆传播新形式。这样呈现出来的文化记忆，不仅仅是乡村民间的记忆，还逐渐发展成为村民、村庄、游客三者之间共有的记忆。

图 3-1 蔡家坡村方言墙绘

同时，在墙绘封面人物系列作品中也能体现其文化记忆，《蔡家坡印象：封面人物之淡杰》（图 3-2）《鄠邑画报：封面人物之张永胜》（图 3-3）《鄠邑画报：封面人物之赵德远》（图 3-4）《鄠邑画报：封面人物之王云老书记》（图 3-5）

《鄠邑画报：封面人物之王生华》（图 3-6）《蔡家坡印象：封面人物之王岩老书记》（图 3-7）。这六个封面人物是能够充分代表蔡家坡村的"典型人物"。他们中不仅有抗美援朝的老兵，还有蔡家坡村村支书、文化宣传队成员以及蔡家坡村村民，每一位都为蔡家坡村做出过非凡的贡献。这样以画报风格创作的封面人物墙绘艺术作品，所承载的文化记忆来源于村民之间的共有记忆，即这些代表性人物及其特质是在一定的时空环境下所形成的，属于蔡家坡村村民共同的历史文化记忆。现如今，这些记忆通过墙绘艺术的形式转变，使得文化记忆的意义得以延续。可见，利用现实和历史人物的典型性以及墙绘艺术的重构性，将具体人物所代表的某一阶段的经历，通过画报封面人物的表现形式绘于墙壁之上，不仅仅代表自身价值，而是代表着对蔡家坡村村民共同体所贡献的社会价值。这种以墙绘艺术作品进行展示的方式，将村民的文化记忆呈现给大众，其内涵和意义同样丰富了蔡家坡村的对外形象和故事性展演。

图 3-2　蔡家坡印象：封面人物之淡杰　　图 3-3　鄠邑画报：封面人物之张永胜

图 3-4　鄠邑画报：封面人物之赵德远 　　图 3-5　鄠邑画报：封面人物之王云老书记

图 3-6　鄠邑画报：封面人物之王生华 　　图 3-7　蔡家坡印象：封面人物之王岩老书记

2.以墙绘艺术展现农村风貌和生活方式

在蔡家坡村的众多墙绘作品中能发现许多体现村庄风土人情的作品，其中一幅作品《门神》（图3-8），浓墨重彩，构图特别，散发着浓郁的东方色彩和中华

第三章 墙上春秋：蔡家坡村墙绘艺术的媒介功能与在地性表达　51

传统文化氛围。在中国，民间的多数门神形象如同京剧里威武雄壮的武将，手持刀戈，背插彩旗，威风凛凛。对于中国人来说，门神并非只是一幅简单的画，也并非固定的几个脸谱形象，而是蕴含着古老的中国传统文化。在中国传统文化中，门神可分为文门神和武门神。两类门神的共同点就是驱邪镇宅、护家保平安。这种求福、求财、求平安顺遂的传统文化精神投射在人们的日常生活中，重要的表现之一就是人们对守护居住安全的门神形象格外重视。而如今，"门神"的形象转移阵地，出现在墙绘作品之中。这充分体现出村民对门神守护家宅安宁与安居乐业的美好希冀，也与"忙罢"的民俗、民间文化主题相呼应。这些简简单单的幸福，方方正正的构图，简洁明快的线条，大红大绿的色彩，真正做到了人情味与艺术性的完美结合，通过墙绘艺术的表现形式，达到理想的艺术传播效果。

图 3-8　蔡家坡村墙绘艺术作品：《门神》

另外，还有许多与乡村风貌相关的作品。如各种鲜花，鸡鸭等家禽，以及各种农村常见的昆虫、植物等形象。《看戏去》这样体现农村生活场景的作品（图 3-9），是乡风、乡俗、乡情的具体展现。这些作品并不是完全从创作者的个人理想出发，而是尊重现实，将这些农村典型生活情境具象化地展现出来，让农民看得懂,让游客看得懂,让群众喜闻乐见。这种艺术创作理念是在尊重乡土文化的基础上,剥离艺术创作的神秘感和高贵感,把一个个日常生活中发生的普通故事在乡村墙面上展示出来,使墙绘艺术作品走进百姓的实际生活,让艺术更接地气。此种艺术创作理念与实践活动,在把艺术带进乡村的同时,更增添了村庄的人文气息,展现了独特的乡村特色。

图 3-9 蔡家坡村墙绘艺术作品:《看戏去》

3. 以墙绘呈现多元文化的碰撞与融合

在蔡家坡村以墙面为载体的艺术景观中,也能看到许多并不属于乡村这个场域的墙绘作品。但艺术审美具有共同性,如墙绘系列作品《后浪》(图3-10),以"金龙峡"为背景,金黄的麦田为陪衬,借"金龙峡"中的"龙"字,展现龙水相依,横卧于天地之间的气势。此作品用当代抽象的表现形式,参考马远《水图》的韵律和造型特点,运用民间艺术中五行的颜色,表现了气势磅礴的新时代"水图",即《后浪》。这不仅体现出艺术介入乡村,各种新鲜力量为乡村的建设和发展带来新的机遇,而且能够体现出新的传承。曾经的这里风吹麦浪,是耕种劳作为村民带来了经济支持,现如今浪花换了模样,由金黄变成了彩色。浓墨重彩的一幅幅图画也告诉人们,后浪掀起的巨大力量要比曾经更大、更宽广,艺术隐喻所特有的文化价值和社会价值也被凸显出来。

图 3-10 蔡家坡村墙绘艺术作品:《后浪》

多元文化的汇入也会引发人们对乡村观念产生更深层次的思考。墙绘作品《生长机系列》(图 3-11)是由各种波点元素以及线条图案设计创作的一幅抽象作品,看起来与乡村格格不入,但它是另一种具有专业艺术性的装饰乡村的新手段。它启用崭新的审美话语,抒发新奇的审美意象,构建独特的审美景观,营造奇异的审美体验,从而起到提升村民审美意识,美化乡村环境的功能,也为形塑当下的乡村空间以及乡村文化的新想象和记忆奠定现实基础。

图 3-11 蔡家坡村墙绘艺术作品:《生长机系列》

三、蔡家坡村墙绘艺术的在地性表达

在当下时代，"在地性"艺术伴随着城市和乡村的发展逐渐从话题边缘走向中心。最早起源于极简主义绘画的"在地性"概念，其原义可直译为"特定场所艺术"或"限地性艺术"，指的是艺术家为特定场所创作的作品。[①]但从总体角度来看，"在地性"是一个综合性的文化概念，既需要存在于一个场所之中的实体，还需要融合当地文化、体现风土人情、满足当地需要的文化特征和价值。就蔡家坡村的墙绘艺术而言，它在美化乡村生活环境，助推乡村社会建设中发挥着重要的作用，同时也因强调"在地性"，在地域性大众文化和大众审美方面起着引导的作用。

但是，随着墙绘艺术现实需求的不断增加，部分创作者常常会关注个人绘画技巧和艺术理想的表达，忽略创作题材与内容中的"在地性"问题。如创作者没有实地走访，不了解当地的文化习俗，仅凭个人的生活经验和想象来创作作品，这将会导致艺术作品以及艺术情感与当地百姓的艺术喜好产生裂隙，甚至完全割裂，不但起不到美化环境、抚慰心灵的作用，反而会对地域性艺术观赏者造成某种冒犯，受到村民的排斥。所以，墙绘作品的创作必须从"在地""现场"的艺术创作理念出发，展现出"在地性"的艺术理念及其美育观下符合大众审美的艺术作品。

1. 呼应"地方"特色

对"地方"的回应是指墙绘创作要根植于地域特色和本土文化。《四宝吉祥》这幅作品就深刻地体现了与当地自然环境的呼应。绘制着《四宝吉祥》这组墙绘作品的墙面背后就是秦岭山脉，以此为背景绘制"秦岭四宝"中的朱鹮、大熊猫、金丝猴和羚牛四种珍稀动物以及本地的一些植物，呈现了万物之间协同

[①]李艳,毛一茗."在地性"观念与中国当代艺术中的在地实践[J].艺术评论,2020(06):25-35.

共生的关系,以此期望人们在经济发展的同时不忘保护秦岭的生态与环境。 还有,墙绘艺术也综合反映了秦岭山下的这个小村庄动态的发展现状:在秦岭山下,村民们祖祖辈辈居住于此,依靠自己勤劳的双手维持温饱;原本斑驳老旧的土墙,如今以墙绘作品这种艺术的方式诉说着当地的特色。 墙绘艺术作品的创作者,就是基于所处的生态环境,以一种看似无声的形式关联与回应着当地的风土人情,并以墙绘艺术这种文化方式表达与传承着属于蔡家坡村的一切。

2. 彰显对人的关怀

一个地区的自然地理条件和历史文化传统,经过长久的积淀,逐渐形成了属于这个地区特有的地域文化,会长久地影响生活在这里的人们的生产生活、民风民俗以及审美判断。 由此,强调墙绘艺术在地性的目的就是要关注一定区域内人们的生活态度和生存状态,唯有此才能设计出符合当地审美趣味的作品。 换言之,艺术家只有将属于当地的,以日常生活方式为基点的文化观念和行为方式纳入艺术观念范畴内,所创作出的作品才会具有归属感和认同感。 如图 3-12 所示,《芒种之幸》描绘的是在一大片向前延伸的绿植的引导下,一群小动物乘着翠绿的叶子奔赴那象征着希望的金色麦田的欢乐图景。 小动物的欢乐气氛和充满童趣的绘画风格,以及临近芒种,村民们的忙碌与喜悦被紧密结合在一起。 这样的作品远离与乡村违和的时尚要素,赋予作品"在地性"与"现场感"。

图 3-12 蔡家坡村墙绘艺术作品:《芒种之幸》

3.表现人与地方的互构

"地方"作为被感知的价值中心，本质上回应的是人与地方之间的栖居关系。① 在蔡家坡村，墙绘艺术作品的创作主要围绕政策、经济、社会、文化、生活等各个支脉，这既是对人与地方之间密不可分的表达，也是人根植于地方理想样态的提炼，是人与栖居之地的和谐互构。 在《看戏去》这幅作品以及农民耕作的墙绘作品中，朴实无华的农民形象以及人们带着小孩去看戏的生活场景深入人心。 一家老小和邻居一起去看戏：手推婴儿车的奶奶，紧随其后拿着手机的年轻母亲，脚踩踏板车的小男孩，衣着时尚的青年姑娘，一字排开且前后紧随。 作品既考虑到画面的整体构图，也标志着乡村的崭新变化。 的确，画面一方面呈现出以家庭为单位参加集体文化活动的和睦的邻里关系，另一方面也能根据人们的穿着和使用的物品展现出乡村物质生活水平的提升。 这幅作品看似描绘村子里普通老百姓日常生活中的一个瞬间，但意在揭示人与地方之间的深度互动。 在人们感知画面的过程中，最受触动的无疑是那群轻松自在的、前后紧随的"看戏人"，继而体会到墙绘艺术作品是对他们日常生活的表达，是对他们脚下土地的深情赞美。

四、作为媒介的蔡家坡村墙绘艺术

当代乡村文化建设经验表明，乡村墙绘艺术作为乡村环境改造的措施与方式是行之有效的，对村容村貌的美化和优化起到非常重要的作用。 就蔡家坡村而言，墙绘艺术融入了乡村本土文化和乡村审美，成为当地乡村文化的重要载体之一。 在有效促进当地乡村文化建设的同时，也呈现出浓郁而独特的"地方"风格。 与此同时，蔡家坡村的墙绘艺术还作为一种媒介，缩短了当

---

①海德格尔.人,诗意地栖居:超译海德格尔[M].郜元宝,译.北京:北京时代华文书局,2017.

地村民与艺术之间的距离，也从乡村建设发展上将村庄与外界连接起来，吸引众多游客走进蔡家坡村，感受墙绘艺术在乡村的独特呈现，促进蔡家坡村文化和经济的发展。

1. 从街头到田野：连接村民与艺术

众所周知，墙绘艺术是人类最古老的艺术表现形式之一，无论是古埃及人在建筑的墙壁上雕刻壁画或象形文字，或者是意大利文艺复兴时期为后人留下了大量的壁画作品，还是我国隋唐时期壁画的繁荣与发展，以及美国纽约等城市街头现代涂鸦艺术的风靡，墙绘艺术一直是艺术家表达情感和创意的一种方式。在当下时代，我国社会的进步与发展使墙绘艺术的风貌具有了鲜明的时代特征，其在美化居住环境与弘扬社会主流价值观方面发挥了巨大的作用。在蔡家坡村，墙绘作为一种景观艺术的表现形式，不仅在满足村民精神文化需求方面扮演着重要的角色，也通过布局设计、色彩搭配、主题题材等方面走向群众，并服务于群众。

蔡家坡村依托"关中忙罢艺术节"，吸引了许多艺术工作者走进田野，用画笔为山村增添艺术色彩。在艺术家们的眼里，村里的一草一木、一人一景都是艺术。在乡村民居建筑表面以及其他建筑外墙等公共空间上创作墙绘作品时，艺术家们将作品设计、取材到绘制等流程都完全公开，普通村民也能够参与到创作中。这样的创作流程与方式，一是将艺术祛魅，使艺术创作全过程成为村民讨论的公共话题；二是让艺术作品成为村民日常生活的一部分，以此拉近艺术创作与本地村民的距离。具体到墙绘艺术的布局设计和色彩搭配，蔡家坡村村口的门、路边的墙根、房子墙壁以及观景塔外壁，都成为墙绘作品的画布。这些墙绘作品的布局设计多以图画为主，有错落留白的布局，也有明快鲜亮、色彩斑斓的作品。还有，墙绘艺术的主题与题材十分丰富，有呼应乡村风格的家禽系列（如图3-13），也有与当地村子相关的人物肖像，还有动画题材、科技题材、动物题材、农作物题材等。墙绘的内容与当地村民的生活环境和日常生活息息相关，使艺术带上了"乡味"，让村民与艺术更亲近。

图 3-13　蔡家坡村村口墙绘艺术作品：《家禽图》系列

作为村民与艺术的交流媒介，墙绘艺术创作者们挖掘乡村生活中的人物与故事，将地域性文化与墙绘艺术创作相结合，在墙绘作品中注入更加丰富的地域文化内涵，使艺术作品更生动，更具生命力。村民也从墙绘艺术作品中提升了艺术审美素养，促进了乡村精神文明建设。

2. 从线上到线下：连接村庄与外界游客

2021 年 8 月，蔡家坡村入选"第二批全国乡村旅游重点村名单"。这成就的取得与蔡家坡村的线上宣传密切相关。宣传的方式方法得当，宣传的内容也必须有亮点、能出彩，二者密切结合才能吸引更多受众的关注，让更多游客前来参观游览。为此，蔡家坡村在村子主干道沿路墙壁上绘制了各式各样风格迥异、色彩丰富的墙绘艺术作品，为其"出圈"起到了相当重要的作用。

临近蔡家坡村，首先看到的是一幅幅结合当地风俗文化、色彩绚丽的墙绘作品。已有 10 余所艺术院校的师生和艺术界相关人士参与此项艺术实践活动，在终南山下的鄠邑区石井街道的沿山村落中，完成了 90 余幅大型壁画作品。这些作品是在"美好乡村计划""乡村艺术工作营"以及"画美乡村"等系统性艺术乡建活动的举办中不断产生与丰富的。艺术创作者以当地村落的墙壁为画板，以秦岭山脉的秀丽风景、当地村民的日常起居以及关中的历史文化、民俗为基础素材，打造了终南山下的"文化艺术村"。

在乡村文旅产业成为各地乡村振兴工作重点关注项目的同时，蔡家坡村以其艺术介入的模式以及取得的成绩成为其中的一个典型案例。在此之前，蔡家坡村还是一个种植小麦、玉米等粮食作物以及葡萄、猕猴桃等经济作物的贫困村。自从"第一届关中忙罢艺术节"在蔡家坡村成功举办之后，越来越多的文化艺术活动在当地开展，大地艺术、陈设艺术以及装置艺术等共同为当地的发展带来了更多的机遇和选择。

文艺赋能乡村振兴的"鄠邑模式"被新华社、《人民日报》《中国日报》《瞭望》等媒体深度报道330余次。CCTV13新闻频道以"产业兴百姓富"为主题对蔡家坡村进行了专题报道，并配文《蔡家坡村：这个村子有点"潮"》。[①] 根据鄠邑区宣传部门负责人介绍，2023年1月—9月，鄠邑区被中央、省、市媒体共报道7642次，大幅超越去年同期22.7%；其中三大主要中央级媒体报道133次；"文艺赋能城乡融合发展"主题报道1064次；"关中忙罢艺术节"品牌活动报道150余次；新华社在鄠主题调研6批次；其中，4月3日《人民日报》头版头条报道；两次入选央视总台公益广告；《陕西日报》《西安日报》1/4版面以上报道123篇。蔡家坡村的宣传策略总结起来有以下几方面：央媒报道有高度、聚焦中心有深度、选题策划有亮度、全媒报道有热度、矩阵传播有广度以及服务发展有温度。当地工作人员通过不断拓展自己的媒体朋友圈，不断促成更有质量、更高效的大宣传格局，通过线上短视频联盟、特约宣传员等实践形式将蔡家坡村的"关中忙罢艺术节"宣传出去，吸引各地游客和调研团体、研学团队前来参观游

---

① 谭海梅,马静,甘志庆,等.这个村子有点"潮"，看看麦田里长出的"艺术空间"[EB/OL].(2023-10-10)[2024-12-18]https://mp.weixin.qq.com/s/Z-ylEq3hswrDDM6Ayb0esQ.

览。同时，他们通过每日关注央媒报道，精准把握需求，不断提升自身宣传硬实力，在选题上也采取深度策划机制，分析媒体需求、协助梳理素材、提炼新闻亮点，重点选题策划"周投送"。每周向重点央媒推送一条有价值的新闻线索，可以持续保持蔡家坡村的报道热度，让更多人知道蔡家坡村，来到蔡家坡村。

在这一系列高品质对外宣传的策略下，蔡家坡村本身的艺术乡村建设也极为重要。如果蔡家坡村不能靠自身的文化艺术氛围以及当地的历史文化、民俗风貌留住游客，再大规模的宣传也无济于事。墙绘艺术作为一种媒介，不仅打造出当代文化、自然环境、历史传统、农业生态共同协调发展的新型乡村文明带，美化了蔡家坡村的村庄环境，同时墙绘艺术也嵌入蔡家坡村，成为当地景观的重要组成部分。除了可以吸引对墙绘艺术感兴趣的人，"画在村中，村在画中"也让一个原本普通的小村落变成了艺术乡村，慕名前来游览的人能够直观地感受到色彩带来的视觉震撼。

墙绘这种艺术形式与蔡家坡村的结合，碰撞出了属于当地的文化韵味，加上"鄠邑模式"的大规模宣传，使得原本附着在墙面上的静态艺术进入更多人的视野，连接了蔡家坡村与各地游客，为当地的文旅发展和乡村振兴起到了积极的带动作用。

3. 从艺术到经济：连接温饱与富裕

近几年来，我国大力推进乡村振兴战略，其中文化振兴、产业振兴等备受重视，这在很大程度上丰富了村民的生活，同时也给当地带来了可观的经济效益。另外，宜居宜业和乡村建设也在顶层设计之列，许多乡村开始重视挖掘当地的历史文化、自然风光、风土人情以及民俗风貌，走上了文旅融合、产业振兴、脱贫致富的发展道路。

蔡家坡村曾经是贫困村，村民的主要经济来源为农业收入。从 2018 年起，村子依托优美的自然环境，联合中央美术学院、清华大学美术学院、西安美术学院、西安音乐学院等艺术院校，打造"关中忙罢艺术节"，吸引了多所艺术院校师生定期驻村，多名新锐艺术家及青年创业者常驻乡村，用文艺元素点燃乡村建设，让蔡家坡村从一个贫困小山村变成了全国闻名的艺术村落。其中，墙绘艺术起到了宣传蔡家坡村乡村文化的作用。通过合理的布局规划，墙绘艺术很好地与村庄融合，提升了村子的整体生活环境和艺术氛围。此外，蔡家坡村中的墙绘艺术也打造出了独特的形象，既突出了村庄的鲜明特色，也有助于不断提升自身的品牌形象。现如今，包括蔡家坡村在内的邻近5个村子已拥有90多幅精美的墙绘艺术作品。

从"贫困村"变身"艺术村"，蔡家坡村先后获得了"全国乡村旅游重点村""陕西省美丽宜居乡村""陕西省乡村旅游示范村"等荣誉称号，同时也成功入选全国巩固拓展脱贫攻坚成果村级实践交流基地名单。在此基础上，蔡家坡村的经济实力不断提高，村民生活日益改善。截至2024年年底，蔡家坡村旅游从业人员达到200余人，年旅游综合收入1400余万元，并通过"艺术项目+民宿+餐饮+观光农业+有机农产品+忙罢衍生品"的全产业链融合发展，带动乡村产业、人才、文化、生态、组织全面振兴，走出了一条文艺赋能乡村振兴的新路径。

五、蔡家坡村墙绘艺术的媒介功能拓展

经过艺术改造之后，蔡家坡村散发出浓郁的艺术气息，尤其是通过题材多样的墙绘艺术，将这种艺术表达形式深刻地融入乡村空间中，构成一种艺术空间和乡村空间相互转换的关系。蔡家坡村还邀请"艺术村长"入驻，将艺术的审美逻辑带入乡村，进一步提升了公众的审美品位。

1. 乡土生活的艺术表达

蔡家坡村的墙绘作品是将乡土生活空间转化为艺术表达空间的典范，如《蔡家坡印象：封面人物之淡杰》《门神》《穿花衣》《昆虫集》等墙绘艺术作品，所反映的就是本土人物及其生活情态，将原生态的生活与生产以及人们的喜怒哀乐艺

术化地呈现于乡村建筑表面等公共空间。 乡村空间本身所具有的防护性与安全性等实用性功能依然保留,但乡村空间的性质已由原有的实用性转换为具有艺术性的特殊空间。 而且,在这一转化过程中,墙绘艺术的空间性也得以延展。 此外,墙绘艺术与蔡家坡村的其他乡村艺术表达形式在社交媒体上已经成为一种重要的文化符号。 这种艺术形式从乡村空间到艺术空间的转换,再到媒体空间的热议,实现了其作为一种艺术表达形式的多重价值。

墙绘艺术在乡村空间的呈现与展示,突出其独特的美学价值。 尤其是在具体的创作过程中,艺术家结合特定地域的乡村现实,运用高饱和度的色彩、夸张的线条以及人物造型等元素,并将这些元素融入中国传统文化和现代文化的交融与碰撞当中,赋予了墙绘艺术新的意义和内涵,既实现了墙绘艺术从"乡村空间"向"艺术空间"的转化,也呈现出乡村空间的艺术化表达与承载。 需要强调的是,乡土生活在墙绘作品中得以艺术化表达与凸显,不仅改变了乡村生活的原有基调,还提升了乡村居民对这种艺术表达形式下的文化生活的认同感,如《鸟儿守护者》《后浪》等墙绘艺术作品,都以生动的形象展现了乡村生活的点滴,使村民们能够从中找到情感共鸣,增强了他们对乡村文化的自信。

图 3-14 蔡家坡村墙绘艺术作品:《穿花衣》

图 3-15　蔡家坡村墙绘艺术作品:《后浪》

用墙绘形式来表达乡土生活的艺术性,所体现的"极简主义"艺术理念给观赏者留下了极为深刻的印象。在具体的乡村文化实践过程中,现代艺术只是建设乡村的一种方式和手段,如乡村咖啡、艺术沙龙、露营度假、民宿、农家乐、文创制造、乡村休闲游等,而艺术元素的加入、艺术表达的参与、艺术作品的加持对这些文化产业起到了"锦上添花"的作用。目的是让乡村更美,让村民更富,让村子更有吸引力,让更多人来此创业、定居,让更多青年才俊回流乡村。总而言之,艺术介入乡村就是让审美意识成为新时代乡村建设的新动力。

可见,蔡家坡村的乡村艺术化表达不仅仅是一种表面上的美化,更是一种精神文化层次的改造和提升。通过艺术的介入和艺术理念的引导,蔡家坡村不仅在空间上实现了从乡村空间向艺术空间的转换,同时在文化上实现了从传统乡村文化向现代艺术文化的转型。这种转型不仅提升了蔡家坡村的知名度和影响力,也为其他乡村文化建设提供了可借鉴的经验和启示,表明这是一种具有创新性和实践性的乡村建设模式。

2. 乡村情结的艺术呈现

在传统社会,人们常常以物质载体为媒介抒发自己的喜悲苦乐或人生抱负等，即"器以载道，物以传情"。① 在介质像空气一样无处不在，传播像流水一样无孔不入的万物皆媒时代，乡村墙绘艺术作品也是这样一种介质。作为一种绘画艺术，它以特有的艺术美，从美术馆、大会堂、候车大厅等封闭空间扩展到了更为广阔的城市户外，也蔓延到了广阔的乡村田野中。作为媒介的墙绘艺术融入人们平凡的生活当中，以特有的艺术表达，从展现精美典雅的作品意蕴拓展为呈现淳朴浓厚的乡村情结，成为以村民为主体书写其文化历史的一个重要渠道。

在对乡村情结的艺术书写中，首先是以多彩的墙绘艺术"话"乡情。乡愁是每一个中国人斩不断的情丝，那种"独在异乡为异客，每逢佳节倍思亲""举头望明月，低头思故乡"的缕缕乡愁，既是古代文人墨客说不尽、道不绝的话题，也是刻在当代中国人骨子里的恋乡情结。随着城镇化进程的加快与都市生活的快节奏发展，自古便有的乡愁在当今社会无处安放。现在的人都想要为疲惫焦虑的身心寻求一方安然恬静的生活乐土。村边潺潺流过的溪水，雨后初霁、彩虹横过的田野，金黄翻滚的麦浪，父母农忙的身影，这些都是现代人记忆深处的一丝慰藉。蔡家坡村的墙绘艺术通过描绘春耕、夏耘、秋收、冬藏的生活以及老百姓的家常，将每个人心中的乡村情结呈现于艺术作品之中。通过极具地方特色的田园风光，激发参观者的视觉凝视，使其被这种图像化的艺术表达所感染，从而唤醒内心深处的乡土记忆。值得称道的是，蔡家坡村墙绘艺术的乡村情结呈现与近几年流行的慢综艺和短视频所呈现的拟像化不同。慢综艺和短视频中的田园生活，暗含的乡愁情结的表达更具拟像化，突出表现在拟像的文化、拟像的田园牧歌及拟像的人情交往中。这种拟像化的乡愁情结缺乏一定的现实意境支撑，乡愁情结的真正安放需要增强本土化和主体化表达，需要受众在心中"修篱种菊"来满足内心的宁静，而非借助媒介寻求精神寄托。② 蔡家坡村的墙绘艺术作品所呈现的内容都是真实的乡村生活图景，而非凭借记忆勾勒出的

---

① 李晓锋.文化乡愁的历史逻辑与价值意蕴[J].文化学刊,2022(11):138-141.
② 范思思.乡村振兴背景下乡村文化墙的视觉修辞策略研究[D].太原:山西大学,2021.

幻想,有现实场景作支撑。

在对乡村情结的艺术书写中,蔡家坡村采用的第二种方式是以创意墙绘的形式实现传承。如"忙罢会"是陕西的一种习俗,夏收后农民们会走亲访友,请戏班唱戏,唠家常。墙绘艺术将这一习俗以富有创意的绘画形式呈现于街头巷尾,作品中有犁、耙、叉等农具,也有"收割""打谷""扬场""晒谷""收仓"等各种丰富多彩的农耕场景。墙绘艺术具体而又完整地将乡村的"忙罢"习俗以艺术的形式展现在村民和参观者面前的同时,也将这些"留不住的技艺"通过视觉符号的形式转换为关于乡村的"留住的记忆",呼吁更多人关注日渐衰落的农耕文明,唤醒乡村居民内心深处对自身文化的认同。除此之外,墙绘艺术还将具有西安特色的方言"僚咂咧""么麻达""在阿达"绘于墙壁之上,亲切感油然而生,将方言文化以艺术的形式记载并传承下来。

在图像化盛行的今天,乡村墙绘艺术不可避免地成为视觉文化的对象物,其通过策略性的符号征用,成为传播意识形态、表达乡村文化内核的重要媒介载体。[①] 有人在,有人来,乡情才能生生不息地延续下去,墙绘艺术将远方的诗写进了袅袅炊烟里。

3.乡村记忆的艺术建构

乡村记忆是乡村社群对过去的回忆,是乡村历史文化、地方情感和人文关怀的重要意识性留存。乡村记忆不仅是曾在故乡的个人的一种情感,更是整个民族对逝去的乡土、社会、自然风光与家园的一种追忆和眷恋。在中国社会转型的背景下,乡村记忆正受到社会快速变迁的影响,通过墙绘艺术作品将金色的麦浪、青色的稻田、溪边浣衣等视觉符号进行聚集,唤醒了人们内心深处的乡村记忆,证实了乡村文化有承载乡愁的价值和功能。

在蔡家坡村乡村记忆的艺术建构过程中,对乡村记忆进行影像表达非常关键。影像表达起着至关重要的作用。艺术家们通过摄影、电影、绘画等艺术形

[①] 刘嘉慧.乡村记忆数字平台的设计研究[D].广州:华南理工大学,2022.

式，捕捉乡村生活的点滴，展现乡村记忆的美丽与哀愁。蔡家坡村的墙绘作品《秦岭之夏》以细腻的笔触描绘了秦岭山麓富有生机的生活环境，传递出人们对美好生活的向往，并唤起人们对乡村记忆的情感共鸣。墙绘作品建构的乡村记忆在各大短视频平台上渐渐流行，虽然采用技术建构了一个动态的乡村记忆，但不免存在为博流量而采取的摆拍手段，缺乏一定的现实意境。而绘画本身不仅有真实的现实意境作为支撑，还包括一些都市生活场景的创意表达，这为建构乡村记忆提供了新的视角。例如一幅描绘村民手提购物袋逛街的场景和另一幅乡村家禽觅食的画面，通过鲜明的空间对比，强化了乡村记忆的亲和力，从而唤醒观者内心深处对乡村生活的向往。某种程度上，乡村在过去是与城市相对立的存在，以"贫穷""落后"为主。然而现在，乡村是人们寻求精神安慰的"乌托邦"。蔡家坡村的墙绘作品是基于现实意境的乡村画面描绘，是建构乡村记忆的一大亮点。除此之外，与其他地域的墙绘艺术作品不同的是，蔡家坡村墙绘艺术作品的创作主体来自美术学院的大学生。他们凭借自身对乡村记忆的理解，结合蔡家坡村村民的实际生活，诠释了一幅幅唤起乡村记忆的墙绘作品，这正是青春对乡土的深情回馈。远去的炊烟又携着新的芬芳飘进了小小的村落。

随着城市化进程的加快，乡村文化面临着逐渐消失的危险。为了保护和传承乡村记忆，政府部门、社会组织和艺术家们纷纷采取措施，将乡村记忆融入现代生活。一方面，整理和挖掘乡村传统文化，如民间故事、歌舞、工艺等，使其在现代社会焕发生机。另一方面，借助现代科技和创意，将乡村记忆转化为具有时代特色的文化产品，如数字艺术、装置艺术等。通过传承与创新，乡村记忆在新时代得以延续，激发人们对乡村文化的热爱和向往。而在蔡家坡村举办的"关中忙罢艺术节"如今已成为鄠邑区最具特色、最具广泛社会影响力的文旅IP，活动通过展演艺术、生态艺术、民间艺术、社会艺术、大地艺术综合呈现的形式，形成了独有的艺术价值。

乡村记忆的艺术建构不仅有助于保护和传承乡村文化，还具有丰富人们的精神世界、促进社会和谐发展的意义。在艺术作品中，乡村记忆成为一种永恒的主题，激发着人们对美好生活的向往和对家乡的眷恋。同时，乡村记忆的艺术建构还有助于提升乡村形象，推动乡村旅游、乡村振兴等产业的发展，为乡村发展注入新的活力。通过乡村记忆的艺术建构，人们得以在快节奏的现代生活中找到心灵的慰藉，实现城乡文化的互动与融合，共同构建美好的未来。蔡家坡村的墙绘艺术在结合了艺术和乡村的特点之上，融入了本地的乡村记忆，构筑了具有乡村记忆的图景。

总之，乡村记忆的艺术建构是一种充满情感、充满温度的文化传承。在新时代背景下，借助艺术的力量，乡村记忆得以传承和创新，为人们留住那份美好的乡愁。让我们共同努力，用艺术建构更加丰富多彩的乡村记忆，为乡村振兴和文化繁荣贡献力量。

六、结　语

从"贫困村"变身"艺术村"，墙绘艺术对蔡家坡村的装饰功不可没。墙绘艺术的发展促进了蔡家坡村艺术文化的多元化，实现了美丽乡村建设过程中做到"建设"与"保护"两者之间的完美衔接。蔡家坡村以墙绘活动为切入点，完善乡村景观建设，优化聚落空间，升级乡村产业，举办多种文化活动，提振乡村活力，激发村民文化自信，进而实现乡村多方面振兴。

墙绘艺术作为繁荣乡村文化的手段，其艺术表现形式对乡村村容的美化、亮化起到至关重要的作用，是建设美丽乡村的"利器"。作为媒介属性丰富的墙绘艺术，乡村振兴中的墙绘艺术有着与其他墙绘艺术不同的使命。未来，墙绘艺术仍需厘清公共空间墙绘的社会功能及话语身份，探索文化引领、知觉塑造视域下公共空间墙绘视觉语言创新表达研究，从而彰显城乡文化自信，推动墙绘产业发展，促进城乡特色文化建设的方法革新和模式创新，为实现乡村全面振兴与特色小镇规划打下坚实的基础。

第四章　艺汇境展：忙罢展览艺术与文化记忆空间的形成

"从基层上看，中国社会是乡土性的。"①中国自古就是一个农业大国，以农耕文化为基础形成的农业文明是中国文化的重要组成部分。费孝通对农耕文化中终老是村、世代定居的特性做了如下阐释——"农业和游牧或者工业不同，它是直接取自于土地的。游牧的人可以逐水草而居，飘忽无定；做工业的人可以择地而居，迁移无碍；而种地的人却搬不动地，长在土地的庄稼行动不得，侍候庄稼的老农也因之像是半身插入了土里……以农为居的人，世代定居是常态，迁移是变态"。②我国的乡村在这种长期以农业为基本经济活动的生产实践中逐步形成了较为独立的生活习惯、礼仪习俗、语言风格、精神信仰等，这些构成了乡村的文化系统。所以说，乡村不仅仅是一个以生产方式为场域命名的经济学名词，也是一个生产单位或经济单位，其作为一个文化和伦理主体，所包含的重要意义不容忽视。

---

① 费孝通.乡土中国[M].上海：华东师范大学出版社,2019：1.
② 费孝通.乡土中国[M].上海：华东师范大学出版社,2019：3.

一、艺术融入乡村的在地化实践

党的十九大报告提出把中国"农村"的称谓在乡村振兴战略的相关文件中恢复为"乡村"。这一变化也透露出"中国的乡村是中国传统的道德伦理、传统的农业文明的核心载体"的指向。① 如今，新时代脱贫攻坚的目标任务已经如期完成，"后扶贫时代"的新征程随之开启，"精神扶贫"成为我们所要聚焦的新挑战。提升农民文化素养、提高农民审美，充分调动、发挥农民在乡村建设中的积极性与创造性，重塑农民主体精神，以带动乡村社会全面发展是当前亟待解决的重要课题。艺术介入乡村发展找到了新发展方向和实践路径——艺术乡建：2018年广安田野双年展"守望原乡"、2019年酉阳乡村艺术季"归去·来兮"、红土地·2021第二届田野双年展（自贡）、2021年"艺术在浮梁"等项目一个接一个涌现。在这些助力乡村文化振兴的艺术实践中，墙绘、展览、景观艺术等都是艺术作为媒介参与乡村文化建设的具体实践。因此，本文聚焦"关中忙罢艺术节"，试图从汇展艺术这一实践出发探寻文化记忆空间的形成。

1. 展览作为一种方法

随着西方所提出的以呈现架上艺术为主的"白盒子"以及呈现影像作品的"黑盒子"的艺术展览公共空间模式在国内的式微，策展人的工作不再仅仅是组织一场室内空间的展览，而是逐渐转向大型艺术项目、艺术活动。展览的立意也不再是只言"美之所在"，而是多以社会问题为主题，在全面调查与研究的基础上，整合发生地域具体的历史、文化、视觉资源，进行较为全面的呈现。因此，现代展览往往不只是简单的知识回顾和传播，而是对知识、文化的创造与生产，并致力于在此基础上达到拓宽观众、生成知识、传播文化等效果。基于上

---

① 王曙光. 乡风文明是乡村振兴战略的灵魂[EB/OL].（2018-07-27）[2024-12-18]https://www.zgx-cfx.com/zhubiantuijian/111962.html.

述背景，展览艺术开始离开城市，走入乡村和古镇，对一些更具社会意义的选题展开讨论，如生态危机、艺术发展、城乡二元结构、文化传承等，希望利用当代艺术唤醒和重塑地方的文化精神与命脉。

这些走向乡村的艺术项目中，很多作品是艺术家、策展人在对当地历史文化资源进行深入调研的基础上进行的"在地性"创作。这里所提及的艺术的"在地性"，主要是指艺术家的作品与特定的乡村地域文化深度融合，以当代艺术惯用的表达方式对其进行现代表述，并形成可视形象的艺术形式。

从古至今，美术馆和艺术展在人们的意识中都带着较强的精英意识与上层文化属性，艺术介入乡村也是属于后现代语境中的艺术形态，而中国大部分的乡村还停留在前现代文明的农耕时期，连工业化时代的现代主义都没有经历，从根上就无法嫁接后现代文明的成果。①所以乡村艺术项目实践过程中"一堵高墙业已砌就，我们在墙这边，村民在墙那边"②的这种由文化语境导致的现象，在一定程度上是无法避免的。由此可以看出乡村艺术实践过程中"在地性"的重要意义，不仅艺术品与艺术的创作、展示、传播要与场所之间建立一种血脉相连的物质实践关系，参观者也要参与到艺术品的创作中。所以说，这种艺术创作过程是对在地文化主体性的尊重与确认，更是多元主体联动的实践方式。艺术家并不占据主导地位，而是在与乡村的平行关系中找到自己的主体性。村民也不占主导地位，因为艺术家并没有因为刻意迎合他们的审美水平而降低作品的水准和思辨维度，但村民们依然可以通过自身对家乡文化的理解，在艺术作品中寻找线索和关键信息——这种获取实际上是由观看作品引发的"共情"。因此，总的来说，乡村是艺术生发的非常重要的场地，同样艺术也能给乡村带来助力，二者相辅相成，共同促进。

---

①王明亮.从艺术的介入性和在地性角度看中国艺术乡践[D].南京:南京艺术学院,2022.
②郭婧雅.在碧山,知识分子要与乡村发生关系[EB/OL].(2023-05-04)[2024-12-18]http://news.sohu.com/a/672721855_99895237.

2. 汇展激活传统节庆新叙事

"忙罢",一个关中地区的俗语。二十世纪八九十年代及以前,在关中的农村地区,这是无论男女老幼都熟知的一个词语。顾名思义,"忙"是指农忙,"罢"是指结束,"忙罢"的字面意思就是指农忙结束。在陕西关中农民日常生活语境中,"忙罢"就代指夏忙时节。"忙罢会"则是关中地区每年夏收之后,农民们互相走亲访友,询问当年的收成,交流生产经验的一种传统习俗。近十几年来,随着外出务工的浪潮和仪式感的淡漠,"忙罢会"渐渐淡出农村生活,成为美好记忆的标本,也浸透着好多人的眷恋。[①] "关中忙罢艺术节"突出传统节庆中劳作、合作、收获、欢乐的理念,意图将乡村社会崇尚的"乡约""乡礼""乡俗""乡庆"及其绵延不绝、生生不息的生命力展现出来,让"忙罢会"以另一种方式得以重生。

作为艺术节举办地的鄠邑区石井街道,地处秦岭北麓,涝河东岸,山清水秀,环境优美,自然资源得天独厚。位于项目中心区域的蔡家坡村,有国家水利风景区金龙峡和终南山世界地质公园,是全国乡村旅游重点村。栗园坡村是传说中的钟馗故里,阿姑泉牡丹苑风景区花繁草青,宝泉寺和极乐寺历史悠久,文化底蕴深厚。然而,这些村庄是环境保护、生态修复、乡村产业升级、城乡互动、社会老龄化、基层秩序功利化等复杂社会现象的集中展现,现实环境十分复杂。正是因为这样,才更需要"艺术文化援军",这也是艺术节策展人武小川一行人去乡村现场开展艺术行动的初心。

旨在"把乡土田野变成艺术空间,把田野麦地变成展示场地"的"关中忙罢艺术节",借助终南山丰富的自然历史资源,通过参与性艺术、合作性艺术等社会性艺术实践,现场艺术、表演剧场、装置影像等艺术实验,在乡间美术馆举办教学展览,在大地上架起艺术展,在麦田中搭起舞台,让根植于大地的艺术将一切都变得

[①]李彬.关中,忙罢!——乡村之美,既要善于发现更要敏于激活[EB/OL].(2023-10-24)[2024-12-18]http://www.sx-dj.gov.cn/dzqk/zk/2023n/d19q/1716743234152349697.html.

鲜活,以艺术激活忙罢传统,繁荣发展乡村文化事业。而艺术展作为应用较为广泛的艺术形式,不仅能够借助艺术多样性的视角展示出地方的历史文化资源,实现历史文化资源再创造,激活乡村历史文化内涵,还能融入村民的日常生活,丰富其精神文化生活,助力乡村美育建设。更能在此基础上,改善乡村的视觉风貌和文化格局,并对打造乡村特色文化品牌,发展乡村文旅产业起到推动作用。

通过艺术展览振兴乡村,重塑乡村文化作为艺术未来的发展方向之一,为解决社会问题提供了一种既浪漫又朴实的方式。但要注意的是,这种方式的实施要求艺术项目及展览组织者或策展人对实践地区进行深入调查研究,充分认识当地在文化结构、生活方式、地理生态等方面的特殊性,并将古镇古村落的生态保护、基础设施建设、民族文化风情与当代艺术巧妙结合,在保护文化和开发利用之间找到契合点。

综上所述,艺术融入乡村的实践是对新时代背景下我国乡村现实问题的一种回应,但其能否取得较好的效果,现在还具有不确定性。不过这种积极地以艺术的方式、展览的方式将我们所面对的时代问题展示到大众关注的视野之内,而非就艺术谈艺术的实践具有深刻的现实意义。就像武小川所说:"进入农村、观察农村,就是理解中国文明延绵的密码,观察传统遗存的最后样本,理解正在发生的,从农业文明进入工业信息时代的代际变化,这是中国现代转型的重要现场,也是艺术生发的极佳土壤。进入农村、观察农村,进而用艺术的方式来介入农村、参与乡村、合作于村民,从文化的角度参与到巨变社会的内在机理共建中,进而把握时代的底层逻辑,并成为历史中的一员。"[1]

二、以艺术展览为载体构建多重维度的文化场域

场域概念是法国学者布尔迪厄的核心观点。他这样定义场域:"从分析的角度来看,一个场域可以被定义为在各种位置之间存在的客观关系的一个网络,或一

---

[1]武小川.为什么要去农村——"关中忙罢艺术节"策划解读[J].民艺,2021(03):86-90.

个架构。"①场域理论的重点就在于从事物之间的关系入手,对问题进行研究。在一个场域中,个体占据着不同的位置。这种位置由他们掌握的资本决定,不同的位置也影响着对资本的支配。场域既作为一种结构,但又不完全静止。布尔迪厄将场域称作"游戏空间",强调场域需要个体参与,认为社会中存在着如文化、艺术、科学等多个场域,这些场域之间既彼此制约,又相互保持着一定的自主性。

"关中忙罢艺术节"的艺术展览便是一种立足于乡村,由艺术家、当地政府、当地居民、游客等多方力量共同搭建的一种文化场域。在这个文化场域中,各方力量共同汇聚、相互影响,共同完成艺术展演。其中,几届"关中忙罢艺术节"的艺术展览形式多样、种类丰富。根据其呈现形式的不同,将其分为标准化的展览模式、学术型的专题模式和对话型的展览模式。每种模式具有不同的展演模式,也形成了多重维度的文化场域。

1. 标准化的展览模式

标准化的展览模式即传统的展览模式,在一定场所公开陈列美术作品、摄影作品的原件或者复制件。在"关中忙罢艺术节"中,此类展览模式也是最为常见的一种展览模式,包括《麦田大地艺术展》《社区艺术文献展》《终南影展——关中古村落影像展》《重回现场:陕西摄影群体"麦客"主题展》《乡物剧场摄影展》等多个展览项目。

在这些展览中,首先要提及的是"失落"群体的回归与农业文明的再现的"麦客"主题展。"第四届关中忙罢艺术节"的项目之一为《重回现场:陕西摄影群体"麦客"主题展》。"麦客"是地处黄土高原、陕甘宁三区手工农业时代文明特有的生态现象。在机械化收割方式未普及时,他们是农忙时节专门从事庄稼收割的群体。随着乡村的现代化发展,机械化的收割方式逐渐普及,麦客群体逐渐淡出历史舞台,但作为几代人的记忆,他们还留存在大多数人的脑海中。因此,此次摄影展的初衷就是用影像的方式再现记忆,唤起人们对于这群

---

①李艳培.布尔迪厄场域理论研究综述[J].决策与信息(财经观察),2008(06):137-138.

"失落"群体和农业文明的记忆。

摄影展的地点为农业文明的发生现场——关中乡村,以重建现场的方式,整理赶场、割麦、生活、肖像等系列线索,通过摄影作品的展览,以一种无声的方式向人们讲述着"失落"群体过去的生活和农业文明时代的记忆。在这片场域中,麦客群体为主角。他们的照片向人们诉说着所经历的酸甜苦辣,而照片背后的摄影师是这片场域的另一支力量。他们用镜头记录镰刀的消亡,用艺术的形式表现出他们的人文关怀与对现代文明的思考。而观看展览的游客与居住在关中乡村的居民交汇为另一股力量,或是唤起对于农民身份的共鸣,或是萌发对于劳动的敬意,多重个体汇聚在一起,再次勾连人与土地之间的丰富关系,重温农业文明的辛劳与温暖,最终完成一场完整的汇展和记忆的传承。正如摄影家侯登科所说:"麦客是入不了正史的,入野史,也难。只等一代代的自我作传,从古至今。我知道该为麦客'立此存照'。"①

图 4-1 "麦客"摄影展现场图片②

---

①侯登科.麦客[M].上海:上海锦绣文章出版社,2010.07:12.
②GZAC.重回现场|摄影家胡武功——我拍麦客[EB/OL].(2022-06-14)[2024-12-18]https://mp.weixin.qq.com/s/zL7psa2h8HYJkZ1D7PTbNA.

第四章　艺汇境展：忙罢展览艺术与文化记忆空间的形成　75

　　其次是以历史底蕴的传承与现实记忆的构建为主题的社区艺术文献展。"第三届关中忙罢艺术节"中的"乡艺：乡村艺术实践项目"中包含"社区艺术文献展"活动。此次展出以蔡家坡美术馆为展览地点，围绕着蔡家坡村所处的终南山的发展历史及在乡村中开展的各类艺术项目文献，以及对带有社会性艺术特征的作品进行一次汇总。终南山是中华民族的名山之一，这里有着数不尽的历史遗存和神话传说，英豪贤达滋养着华夏民族的精神内涵。因此，在文献展的前序中，策展者重新梳理了终南山的大背景，通过时间线的梳理，使人们对终南山、乡村和现代生活有了更为深刻、理性的认知，历史与现实交汇融合。其中，终南山的历史文化底蕴自然地通过场域的构建得到传承，并由此吸引当代更多的乡村建设力量。在前序的抛砖引玉结束后，便是对历届社会性艺术实践和历届艺术节的文献的集中展览，其中包括历届"关中忙罢艺术节"的精彩瞬间、历年"关中忙罢艺术节"的活动海报等。这些作品体现出以"关中忙罢艺术节"为代表的艺术活动介入乡村，呈现出社会性艺术的特征。这些活动以艺术的方式参与到基层社区的建设及社区问题的探讨之中。在建设的过程中，既有艺术家带来的艺术创新力量，又有当地居民的积极参与，同时也离不开当地政府的扶持。透过蔡家坡美术馆的展馆，可以看到从过去到现在的时空更迭与多方力量汇聚下搭建的承载着新时代乡村居民记忆的新型场域。

图 4-2　蔡家坡美术馆陈列的历届"关中忙罢艺术节"文献汇集

2. 学术型的专题模式

"关中忙罢艺术节"的艺术展览除了标准化的展览模式，还有学术型的专题模式展览。此类展览围绕一个既定的主题展开，通过对相关内容的梳理形成完整的专题，挖掘乡村中所蕴含的深层知识内涵，代表性展览有《1978年—2022年乡村思想史：直峪口村口述史项目》《终南·山川·乡村志》展览项目以及《童年秘密档案馆：终南山》等。

《直峪口村口述史项目》是乡土记忆的微观呈现与艺术的现实介入。直峪口村地处西安市鄠邑区，背靠秦岭，风景秀丽，历史底蕴丰富，是中国典型的自然村落代表。随着时代的动荡更迭，它经历了繁荣和衰落，最终成为中国千千万万个无名村庄一样的存在，很少有人提到它的名字，而关于它的记忆也一并随着村庄的衰落而变得鲜有人提起。因此，艺术家王名峰策划的《1978年—2022年乡村思想史：直峪口村口述史项目》便是为了唤起人们对中国传统乡村的关注，重新唤醒人们的乡土记忆。

首先，在讲述直峪口村的发展历史时，借助当地村民之口，尤其是选取农民画家王景龙的亲属所讲述的王景龙的故事，以其作为农民的缩影，用他的故事来体现村民生活的变化和古老乡村的变迁，借助微观人物的人生起伏呈现时代变迁，并以村民口述的形式，将生活在悠久历史村落中的乡土记忆继续传承下去。

其次，在记录村民口述期间，王名峰等艺术家也进行着记录村民的即时雕塑计划、村内山神野庙的出野记录、村中古庙的中草药图谱考……围绕着直峪口村的田野调查与记录在不断开展，而这些也对艺术家具有特别的意义。以往高深的艺术和淳朴的乡土风情融合在一起，艺术与现实更加深入地融合在一起。正如艺术家王名峰所期望的"将社会学的工作方法借助到艺术项目里，从而剥离掉一些艺术作品'好像是在说什么，但实际上又没有说什么'的混沌状态，用更直接的方式让艺术关照现实"。[1]

---

[1] 明星辰,陈鑫培,王越洲. 乡村记忆：一周城市生活[EB/OL]. (2022-05-27)[2024-12-18] https://m.thepaper.cn/newsDetail_forward_18297227.

第四章　艺汇境展：忙罢展览艺术与文化记忆空间的形成　　77

图 4-3　西安占东美术馆
《乡村思想史》现场陈列

图 4-4　正在口述的村民之一：
王景龙的大儿子王秋季①

在《终南·山川·乡村志》展览项目中，终南大地的呈现与艺术的多重交流共存。"第五届关中忙罢艺术节"的大地生态艺术节板块推出了《终南·山川·乡村志》，邀请优秀艺术家、设计师、建筑师等专家学者，通过"山河、风采、歌咏、人物"等四个单元，从"山水、史地、物产、野获、神采、信仰、方志、掌故"等八个角度，从"史地志、名村志、山水志、作物、特产、生活与饮食、诗词、庙宇道观、民俗、人物、故事"等十一种叙事，建构"终南山中的大地展"。② 此次展览涵盖内容较广，从多种角度展现了终南山的风貌。 其中许多作品，如《辫子里》《电线杆上的鸟》《麦田里的水稻》等都是以乡村事物为素材，对其进行艺术加工处理，使得传统农业文明事物具备现代艺术气息。 艺术家和当地传统习俗相互交织，呈现出终南大地传统乡村和现代艺术的结合。

在此次展览中，还体现出艺术创作者之间的多重交流，《麦田里的水稻》展

---

① 明星辰,陈鑫培,王越洲.乡村记忆：一周城市生活[EB/OL].（2022-05-27）[2024-12-18]https://m.thepaper.cn/newsDetail_forward_18297227.
② GZAC.展讯|第五届关中忙罢艺术节之《终南·山川·乡村志》开幕式及学术论坛现场[EB/OL].（2023-10-25）[2024-12-18]. https://mp.weixin.qq.com/s/erBLTNCjBZIDnRXRUmJSZg.

览项目的艺术家郭定奋、陈锐城和肖思丽是广州美术学院实验艺术专业的在读研究生,受西安美术学院及"关中忙罢艺术节"的邀请前往栗峪口村"艺术村长之家"驻地创作。三位南方青年从稻田走向麦地,一路上遇见不同的人,经历不同的事,这些都成为他们艺术创作的素材与源泉。艺术成为媒介,在场域中实现了人与人、人与自然、不同地域与文化之间的碰撞。

图4-5 《终南·山川·乡村志》现场陈列展板

3. 对话型的展览模式

随着艺术介入乡村的深入,"关中忙罢艺术节"的汇展形式也不断丰富,深入挖掘乡村本身所蕴含的艺术内涵,同时积极吸纳乡土元素,将其应用到艺术创作的实践中,推动艺术与乡土的对话。历届"关中忙罢艺术节"的汇展形式不断丰富,也体现出艺术介入乡村的不断发展,如《原境:闽陕民间艺术"对话"展演项目》《50×50家庭美术馆》《麦田艺术:实验艺术系乡村社会艺术实践项目》《我的家,我的乡,我的山,我的水》大地生态艺术展等项目都是两者对话的体现。

此类展览项目之一是以闽陕民间艺术"对话"的方式实现乡村跨域对话与民俗"原境"意象展示。"第五届关中忙罢艺术节"推出的《原境:闽陕民间艺术"对话"展演项目》,设置了"民俗影展+民艺展示+经典演出+主题座谈"等立体的结

第四章 艺汇境展：忙罢展览艺术与文化记忆空间的形成 79

构，展示福建和陕西两省具有代表性的村景、节庆、祀祈、生活、民乐、技艺等民间艺术，突出传统文化与乡村生活互生的"原境"关系，并呈现出闽陕民间各自的显著特色，通过"对话"，加强了交互，并对民间艺术的源流予以"现场化"的表达，探讨乡村文化的"原境"对生活的意义，以及与之丰盈的关系。①

  福建和陕西分别作为中国海上和陆上丝绸之路的起点，具有丰富的历史文化底蕴。闽陕的民间艺术也在各自所处的不同区域展现着精彩的华夏文明。在此次展览中，将两地的民间艺术通过多种形式的活动呈现出来，加深了两地人民对彼此民间艺术和民俗文化的了解。同时使得两地的民间艺术可以跨越时空距离实现直接"对话"，对比激荡，在新的场域中实现融合性交互，展现出民间艺术的鲜活生命力，唤起人们共同的乡村记忆，由此推动新时代背景下民间艺术的传承、乡村生活与民族民间艺术的维护。

图 4-6 《原境:闽陕民间艺术"对话"展演项目》展板　　图 4-7 《原境:闽陕民间艺术"对话"展演项目》展板

---

①GZAC.第五届关中忙罢艺术节暨"原境:闽陕民间艺术'对话'展演项目"开幕晚会[EB/OL].(2023-07-09)[2024-12-18].https://mp.weixin.qq.com/s/I3wRmFBmGZQO6q94AZFiSA.

"原境"是从文化发生学的角度来理解文化的原生状态与本原情境。民间艺术和民俗文化起源于乡村，起源于民间。此次展演便是将这些原生的民间艺术在乡村的环境中呈现出来。民间艺术再次回归乡土，形成融洽互促的"共生"关系。观看者在乡村感受着发源于乡土的民间艺术，体会艺术之于生活，生活之于艺术，互生互构的"原境"关系。

还有，《50×50家庭美术馆》实现了艺术的场景泛化与乡村价值的共创。"第五届关中忙罢艺术节"的《50×50家庭美术馆》项目，是由西安美术学院跨媒体艺术系实验艺术2021级、2020级两个班50余位师生，在8号公路沿线与村民共同开展的艺术创作项目。让50个(组)艺术家与50个(组)村民家庭合作完成家庭美术馆的实践，通过合作改造、共同创作、联合表演等形式，在庭前屋后、院口街道，形成每户的居住新场景、美学新空间。以一种互为主体的方式，与村民合作激发乡村新的价值经验。①

在家庭美术馆的实践中，师生和村民选取的素材包括当地美食、当地农作物、当地女性等，均源于当地村民的日常生活。他们对这些碎片化的日常进行艺术加工处理，并积极地将当地村民也融入艺术创作的过程中，例如摄影展览作品《红》便是与村民韩养权合作完成的。艺术的主体从传统的学院派扩散至生活在乡间的普通居民，最终将作品呈现在当地居民的家中，日常生活的家庭空间也成为呈现艺术展演的空间，由此艺术展演由"白盒子空间"走向乡野大地。

在学院师生和当地居民共同创作的过程中，乡村的价值也实现了多维度的共创。师生们对于乡村常见事物的艺术化创作和展演，为传统的乡村赋予了现代的艺术价值。家庭美术馆借助"关中忙罢艺术节"之风，吸引了更多游客去当地参观，感受当地的风土人情，带动了当地旅游业的发展，为乡村提供了更多的经济价值。最后，艺术走进乡村，挖掘日常乡土生活的价值，例如作品《蜉蝣撼不动江河》聚焦于历史长河中那些不曾被看到的普通"蜉蝣"，唤起人们对普

---

①GZAC.第五届关中忙罢艺术节I《50×50家庭美术馆》第一回[EB/OL].(2023-06-14)[2024-12-18].https://mp.weixin.qq.com/s/JkQSRrqo-EbIlyDRu_Y9Hw.

第四章　艺汇境展：忙罢展览艺术与文化记忆空间的形成　81

通人、普通生活的关注，乡村也拥有了更多的文化价值。

图 4-8　《50×50 家庭美术馆》展览作品《红》①

图 4-9　《50×50 家庭美术馆》展览作品《蜉蝣撼不动江河》②

---

①GZAC. 第五届关中忙罢艺术节暨"原境：闽陕民间艺术'对话'展演项目"开幕晚会[EB/0L].（2023-07-09）[2024-12-18]https://mp.weixin.qq.com/s/JkQSRrqo-EbIlyDRu_Y9Hw.
②GZAC. 第五届关中忙罢艺术节暨"原境：闽陕民间艺术'对话'展演项目"开幕晚会[EB/0L].（2023-07-09）[2024-12-18]https://mp.weixin.qq.com/s/JkQSRrqo-EbIlyDRu_Y9Hw.

无论是标准化的展览模式，还是学术型的专题展览模式，抑或是对话型的展览模式，随着"关中忙罢艺术节"的不断发展，都呈现出逐渐深入的艺术与乡村、艺术与现实相融合的特征。乡村逐渐成为新型艺术展演的文化场域。其中，艺术家、当地居民以及当地政府和游客等多重主体互相影响，互相交融，最终通过汇展的形式，用具体的艺术作品展现出来。这个实践的过程会唤起人们的乡土记忆，实现乡村的意义共建和价值共享，使得艺术走入乡土大地，乡土记忆走入每个人的心中，并由此达到艺术融入乡村，文化赋能乡村振兴的现实目标。

三、艺术公共空间能焕新乡愁

沿着 8 号公路进入乡村的路线有很多条，不论选择主干道还是小路，都能饱览终南山下独有的乡村景致，欣赏乡村中的汇展项目。汇展内容固然有其自身的展示逻辑，策展人能够通过独特的创造布局与叙事方式对作品本身与观者解读产生影响，但汇展空间的体量、布局等差别都会影响其内部逻辑的判断。因此观者仍然在一定程度上掌握着灵活的欣赏主动权，从被分隔的多重空间中自行串联节点，将策展人的表达内容纳入自己的解读框架内，重构叙事内部的逻辑关系。纵观历届"关中忙罢艺术节"的汇展空间，可将其分为有限的遗产空间和无限的公共空间。

1. 从有限的室内到无限的田野

遗产空间是在有限的室内空间进行划分，选取具有集体记忆的遗迹建筑，充分挖掘具有地方禀赋的遗产价值，最具代表性的便是蔡家坡村村史馆。这栋白色的两层小楼是由过去的村内公共建筑改造而成，旧有的记忆空间与焕然一新的建筑融为一体，使其具有天然的故事性。建筑的功能定位也因地制宜地设计成村史馆，一楼展示的是村民们所熟悉的人、事、物影像合集以及由旧农具改造而成的艺术装置，提取习以为常以至于被忽略的存在，赋予其主体地位，并郑重其

第四章　艺汇境展：忙罢展览艺术与文化记忆空间的形成　83

事地进行展示，以艺术之眼重新阅读这本乡村史，从中提炼出了"极俭之美"的主题。二楼则展示着村史馆的主体内容——梳理蔡家坡村的历史脉络，最大限度地还原生长印记。按着顺时针的方向逛完，便能尽数窥得一个地方的演变轨迹。但村史馆并非只有一种宏大叙事，它还将视角投向了鲜活的平凡个体。二楼尽头留有一方空间，寄存着个体的乡愁、岁月、传承与回忆。它们共同构建了这片土地的过去、现在与未来，个体命运也更深地嵌入了共同的乡村史中。

此外，遗产空间的改造完成并非意味着终止，其内部还保留了许多粗糙的原始创作印记，比如蔡家坡村村史馆的墙上有数行铅笔写的文字——"这些展板，都是利用剩余材料进行二次使用，有些变形，有点残破，但并不影响传递展览想要传递的信息，如何使用旧物，也许会是后续展览中，一直要探讨的命题"。似呓语般的创作灵感既是对现有作品的阐释，也是一种跨时空的对话，将作为后续生长的方向不断为旧有的遗迹叠加新的文化意义。

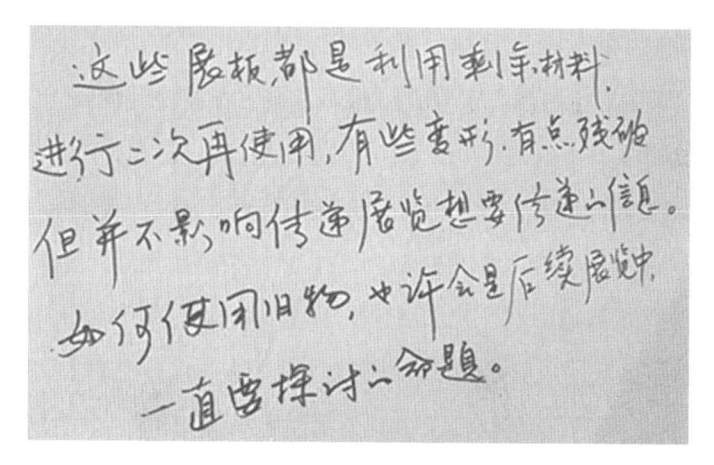

图 4-10　蔡家坡村村史馆一楼墙壁

乡村的公共空间既可以包括田间地头的自然空间，也涵盖人为改造的公共设施，其最大的特点是策展与乡村融为一体且相互呼应，乡村的人、事、物即展品内容，背后的远山田野则是无尽延伸的展板，艺术作品和解读卡片反而成了村庄的脚注，通过具象或抽象的手法表达艺术家眼中的乡村。以蔡家坡村内主干道沿线两旁的陕西省第 20 届摄影艺术展览为例，放置于田间地头的摄影作品能唤起观者的多重感知，从视觉、听觉、触觉等诸多方面进行审美体验，给予观者层次丰富的信息。尽管作品拍摄的彼时并不在场，观看的此时却能与画面场景同在，在心灵的游离中设身处地地领会"耳闻之不如目见之，目见之不如足践之"。于是，作品不再只有作者表达的意图，观者也能通过自己的切身实践赋予其独特的解读，共同构建对乡村的空间记忆。这也契合了艺术介入乡村的最终目的，比起突兀地表达特有风格，诱导生发才能让艺术乡建顺其自然地进行。

2. 利用有限性表达无限性

空间叙事则是以空间为载体，将空间与事件相结合，使空间参与者切身地感受空间所呈现的故事与情感，从而拉近空间与人的联系，增强人对空间的认同感。①"忙罢艺术节"的汇展内容取自乡村，也应用于乡村场景中，乡村既是对象，也是载体。以艺术之眼去观察乡村，乡村也通过艺术的视角被人们感知，从在地的特色禀赋中衍生出了新内容，既定的传统叙事与新兴的异类话语相互交织，地方性得以重塑。"忙罢艺术节"汇展的空间叙事手法主要由以下三个方面构成。

第一，挖掘关切乡村的叙事要素。不同于其他独立创作的艺术作品，"忙罢艺术节"的创意表达尽管有一定的自主自律空间，但仍然处于艺术乡建的大框架下，需要平衡乡村社会的诉求，这就要求创作主体能够接地气，遵循在地性、生态化、实用性的实践原则展开艺术活动。通过田野调查投身现场，从田间地头追寻地理历史的印记，在社会现场归纳自然人文特色，以此梳理出具有代表性的内容进行拓展。标准化、学术型和对话型的汇展都体现了这种在地性。在标准化的汇展中，"第四届关中忙罢艺术节"的《重回现场：陕西摄影群体"麦客"主题展》便聚焦乡村收获时节的典型群体——麦客，尽管他们的身影已经淡出了现代农业，但他们仍然是一代人努力劳作的精神写照。在学术型的汇展中，方

---

①王晶,赵志庆,李彦凝.空间叙事在我国城市空间研究领域的演进与展望[J].城乡规划,2023(02):52-59.

志小说与地方开展的在地合作项目——"在地发想实验",则围绕终南山的物产、鄠邑区的峪口考察、栗园坡村民居建筑调研、本地葡萄种植四条线索进行艺术行动。来自不同地域的艺术家一同驻扎在终南山,从他们的个人经历出发,以陌生化的视角观察对本地人来说再熟悉不过的场景。在对话型的汇展中,"第五届关中忙罢艺术节"的《50×50家庭美术馆》通过学生与村民合作的方式开展艺术实践,村民的加入让叙事要素的选择更契合乡村的表达,学生的参与则让日常化的事物具有了艺术性,双方都在彼此陌生的领域进行互动,延伸到熟悉的领域,交织出融合的产物。

第二,勾连当代艺术与乡村建设。正如田园诗中所描绘的晨炊晚钟、归园田居的生活,乡村自古以来便是文人墨客青睐的审美对象,当代艺术则是通过现代审美视角重新激活乡村的美感。这种创作既能沟通当下,也能串联古今,实现人与人、人与物、人与景的多重关联。以"第四届关中忙罢艺术节"的《重回现场:陕西摄影群体"麦客"主题展》为例,借助肖像、割麦、赶场、生活等一系列与麦客的生活密切相关的内容作为叙事线索,麦田里、美术馆内、街巷墙壁上的麦客影像得以彼此呼应,今时场景与旧时影像重叠,已经淡出现代农田的麦客再次与曾经挥洒汗水的土地产生关联。事实上,这组展出作品在时间上已经与现在有一段时间间隔,所传达的内容对部分年轻群体而言甚至有些陌生,然而通过策划的重新梳理与二次创作,历史现场与社会现场产生了交叠,过去与现在的记忆同时存在,实现了旧日作品的另类书写,并将这份传统农业的余韵传递给观者。不仅如此,当年的创作者也受邀重新回到了劳作现场。展览的作品以新的方式连接创作者与观者,通过这种跨时空的交流生长出新的乡愁别绪。

第三,营造乡村独有的场景。从乡村建筑的内部到外部的广阔田野,展示空间并非只是艺术作品的载体,而是作为叙事的部分与艺术作品相互融合。不论是建筑的功能和艺术作品,还是建筑本身的风格以及背后的乡村景致,都作为整体性的表现形式由内而外地传递信息。对展示空间的选择与利用是展览的重要特征,第五届《50×50家庭美术馆》的布展内容由西安美术学院50余名师生与村民共同创作而成，布展地点则别出心裁地选在了村民的庭前屋后。17 幅合作作品既有以乡村为考察对象的，也有村民作为创作主体的，于是乡村的院口街道成为布展内容的天然阐释，所展示的艺术作品除了传递创作者的意图，更是美院师生与村民从陌生到熟悉的情感羁绊。此时的布展空间除了作为基本的展览平台和审美承载，也成为乡村居所的一部分，还是孵化乡村美学的新空间。

艺术行动打破了历来僵化的诉说方式，通过汇展的空间叙事，原本庸常的琐碎生活被放大，传统文化的信息踪迹被提取，按照另类的方式重新排列，如同摄影镜头的取景框阻隔了图像与现实的距离，人们带着疏离与陌生重新打量身边被忽略的存在。乡村有着过去、现在与未来，其书写是无始无终的，传统的有头有尾的叙事固然无法满足，约定俗成的框架无法容纳不断生长的人类行动，唯有截取生活的切片，通过集成的方式将浓缩的生活铺展开来，才不至于湮没在历史尘埃中无处追寻。

通过挖掘历史记忆与现实生活的适应性，寻找乡村本土文化的物质载体，以村史馆、摄影展、书画展等形式对本土文化进行内容展示，形成各类汇展艺术，是对乡村记忆相关的物质性资料进行保存和传承的重要途径。这些被保留下来，被重新建构的记忆载体中承载的乡村记忆是村庄延续历史的见证，也是村民集体认同的重要来源，为村庄集体记忆的延续提供了持续性、稳定性的保障，需要在村民生活中得到不断唤醒与重现。

3. 立足本土，联动多方，构筑全新记忆

为了更好地融入乡村公共空间建设，构筑乡村共同记忆空间，在汇展筹备中需坚持实践共生原则、在地性原则和可持续原则，强调人、艺术、文化、历史、自然等多方面之间相互依存的关系，关注当地的文化、民俗民风、特色资源、地域环境等，共同构建乡村的整体形象和文化内涵，重视汇展策划的社会性和创新性，帮助重建地方文化秩序、空间秩序、社会秩序。另外，在各类汇展策划中也应注重资源利用，采用环保材料和技术，减少对环境的负面影响。选择对环境干扰较小的艺术形式，考虑未来作品在空间中潜在的价值和作用。最后，还

第四章　艺汇境展：忙罢展览艺术与文化记忆空间的形成　　87

可以在立足本土资源，充分激发村民主体意识的基础上，灵活联动多方外来主体，吸引政府、艺术家、村民等群体发挥自身优势，为乡村汇展注入新元素，共同建构新的乡村文化记忆空间。

第一，梳理本地文化，激活集体记忆。乡土文化源于千百年来人们在生活和生产中形成的生活方式、观念、价值和习俗等，是长期以来在一个特定的空间下形成的生产、生活形态，具有不可替代性与独特性，是一种具有客观性、历史性、具体化等多种特征的历史范畴，是生长在乡村土壤上的乡土之花，不仅涵盖了这个地区丰富的历史记忆和文化遗产，还体现了当地的精神文明和文化特色，是这个乡村区别于其他乡村的突出标志，是乡村发展的基础和动力。

然而，随着人们对于科技的过度依赖，以人、物、文字为主要载体传承的乡土文化日渐衰落。因此，沿着历史的轨迹挖掘乡村文化，构建乡村社会的文化场域，更新乡村的文化生态系统，是新时代乡村建设的核心内容。这就需要在策划汇展的过程中以地域文化为核心，与乡村内部的原居民进行深入交流，重视老人的口述，通过收集整理方志、史书、族谱等文字记载，结合实地考察调研与现场体验等方法，收集关于乡村风貌、历史文化、宗教文化、名人文化、民俗文化等多种形式的资源素材，对乡村文化脉络进行梳理，寻找最能勾连当地文化记忆的本土元素，对乡土文化元素符号进行艺术加工与排列，突出对乡土元素符号中所涵盖的历史信息与文化内涵的艺术化表达，唤醒村民的乡愁记忆与情感，赋予汇展艺术以乡土文化的印记，重构村民记忆中的村落。

比如"忙罢艺术节"中村史馆这一记忆场的建设，不仅收纳了生产工具和生活用具等各类老物件，还通过图片、数据技术等方式将原有的村落布局、街巷道路、民居建筑、古树、水系保留了下来，对乡村集体记忆客体的保存起到了至关重要的作用。这些物质客体凝结着村民在长期生活中留存的村庄记忆，通过记忆场的保存，这些记忆得以进入集体的情境中，在村史馆这一具有官方性质的记忆场中得以恒久发挥其承载集体记忆、唤起共同情感的作用。同时，村史馆通过文本、图像、仪式、博物馆等物质实体对象征性记忆进行稳固的、持久的保存，其具体形式与记忆内容都能固定下来，形成明确可参考性的记忆内容。因此，无论是文化风俗、名人事迹，还是历史渊源，都能在村史馆的记忆场中得以传承。

第二，打破传统形式，重构乡情空间。传统汇展形式中"白盒子"的展示空间拉大了艺术与生活，还有大众之间的距离，阻碍了艺术的发展与传播，其体现的是旧都市文化。伴随着汇展地点的拓展，汇展艺术更强调与现实空间和人的关系重组。传统展示空间面临着转变，让艺术走进大众生活，在更为广阔的空间中进行自我表达。而乡村汇展是村落集体记忆的重要展示形式，拥有城市空间无法比拟的特殊性与多样性，实现新旧空间共生成为乡村展示空间营造的重点与核心。

在成功的案例中可以看到，不论是靳勒的石节子美术馆，还是北川富朗的大地艺术节，都是在旧空间形态的基础上进行空间功能的延展和转变。民居、小溪、竹林等自然的和人工的场域都可以作为展示空间。展示空间的转变是让整个村落的现实空间变成巨大的展场，这种空间边界的模糊化体现了当代艺术的特殊性和乡村空间的可塑性。而这种空间转变的合理性需要我们进行理性规划和现实场地情况的考量。

目前，乡村的部分建筑年久失修，处于闲置衰败状态。例如学校、工厂等，这些具有时代印记的建筑具有特殊的优势，可以通过现代展示手段与乡村本土文化艺术形态相结合，通过不同的艺术手段将地域文化元素符号转换为具有乡村意蕴的艺术符号，结合村落的原始布局、建筑样式、历史遗迹等，提炼村民日常生活中的细节、习惯，将其与村落内的文化场所相联系，串联村落文化遗产。在具体的展示空间设计上，可以利用大量的乡村元素，如旧家具、农具和代表当地特色的历史遗物进行建筑和室内的装饰，以营造空间叙事性的表现手法和乡村记忆的重组。充分挖掘原有遗产空间的功能、记忆以及文化特征，实现新旧元素的融合，赋予旧空间新的时代意义。

"忙罢艺术节"中就有很多成功案例，有通过改造旧建筑建设乡村村史馆、美术馆、展览馆、图书馆等赋予旧空间新功能的，也有与村民家庭文化结合，将村民住宅打造成具有村民自身特色的家庭文化馆、美术馆、博物馆等。就地构建乡情特色汇展，打破"白盒子"惯例，重构乡村记忆空间，将记忆与认同融入汇展中，将汇展作为记忆场，构建起当下社会具有生命力的集体记忆、身份认同与归属感，提供集体记忆和乡村文化的纪念和庇护所。

第三，强调"乡村本位"，唤醒村民的主体意识。习近平总书记关于"乡村本位"的思想主要集中在两个方面：一是立足历史看乡村，明确提出乡村是中国文明之根的地位不能动摇；二是立足农民本位，明确提出乡村是中国发展的底线不能突破。乡村本位的核心是农民，习近平总书记反复谈到"中国要强，农业必须强；中国要美，农村必须美；中国要富，农民必须富""小康不小康，关键看老乡"①，足以见得在乡村本位思想和乡村振兴中农民主体的重要性。

目前，我国城乡二元体制下农村的弱势地位导致部分村民对自身的定位和身份持否定态度，对自身的意义定位偏向于脱离农村。在长期的二元体制下，城乡收入差距和城乡话语对农村传统的否定下，曾经辉煌的农耕文明被贬抑为落后生产力，被赋予"穷""脏""落后"的负面印象，刺激着作为记忆主体的村民不愿保留，甚至故意忘却的乡村集体记忆。记忆主体的流失深深地影响着乡村集体记忆的保存和流传。

很多建设者只注意到了村民作为原住者的单一身份，将其放置在与之相关的视觉环境或者当地文化之中，并没有清晰地认识到村民在以艺术为媒助力乡村振兴中的主体性和自主性。建设者在建设过程中难免带有精英主义的立场，实际上要坚守"乡村本位"的思想进行建设，第一步就是应该摒弃精英主义立场，相信村民有表达自我的能力和意愿。无论是艺术家，还是人类学者，都提出艺术家要放弃精英主义立场，要以谦恭的态度尊重村民的主体性，主动深入思考乡村本位的内涵，看到农民、农业、农村的重要性，意识到农民在艺术作为媒介参与

---

① 习近平. 习近平总书记在中央农村工作会议上的讲话(2013年12月23日)[M]//习近平《论"三农"工作》, 北京：中央文献出版社, 2022.

乡村文化建设中的主体地位。

村民是乡村记忆的主体，乡村生产生活的记忆的传承需要记忆主体对记忆客体的记录、传播，在记忆主体的日常生活和集体活动互动交流的过程中，形成集体记忆和文化认同。在汇展建设中，更要坚持村民参与的原则，尊重当地村民的基本诉求，充分发挥村民作为乡土文化艺术主力军的主体作用，发挥村民的创造性和主体性。一方面，给村民话语权，展示真实的乡村，注意引导村民积极与艺术家、企业、政府沟通表达自己的想法，与各群体平等合作，共商共建，让村民切实参与到汇展陈设的过程中，进而反推艺术家发现实际问题，了解村民在生活中的关注点，做出更符合当地情况的汇展，构筑属于乡村的共同记忆空间。另一方面，引导村民参与建设汇展也更能体现普通村民对艺术汇展的认同感，更深层次地发掘村民的乡土情怀，加强村民对家乡整体的文化认知，激发村民的创造力，提高乡村自我更新的能力。

第四，多方联动建设，构筑共同记忆空间。协调和整合多种资源，多主体参与乡村汇展建设，实现包括村民、艺术家、政府部门、企业、非政府组织等多方力量的共建共享。正确处理和平衡好村民、村集体、政府、艺术创作者等主体间的关系，在明确各主体职能定位和利益诉求的基础上，构建多主体和谐共处的创作机制，也更有利于激发乡村活力，拓展乡村资源，创新发展汇展空间建设，构筑共同的文化记忆空间，留住乡愁，也留住人。

政府作为乡村建设发展的组织者和监督者，肩负着推动乡村发展，实现乡村振兴的重要责任。明确政府机构的权责界限，优化乡村资源配置，引导村民、艺术家、村集体等多个主体对乡村资源进行合理性分配、可持续性建设和创新性运用，为乡村建设发展提供保障和支撑。政府作为关键力量，可以为汇展空间建设提供有效的资金、政策和法律保障，协调各方资源和力量，促进建设顺利进行。

村集体是党和国家政策的宣传者，在乡村建设的各主体中起着穿针引线的作用，能够起到统筹协调的功能，是联系村民和艺术家的纽带，能够帮助多方推进乡村建设，影响着艺术乡建的成效。在乡村汇展空间建设的过程中，更是可以直接帮助协调村居改造、旧物收集、乡村记忆挖掘等。在汇展空间建设中，由于乡村建筑产权关系比较复杂，村民房屋改造和街道装饰非常困难，一旦处理不当就会产生矛盾和冲突。在此过程中，村集体可以根据实地情况直接介入，拉投资修缮公共建筑，维护集体产权，解决相关问题。另外，村集体也需要充分发挥自身优势，积极联系村民，调动村民参与汇展建设的积极性，更真实地构建当地的记忆空间。

艺术创作者在汇展空间构建的过程中应该是一个发现者的角色，是记忆空间构建的客体，是将乡村记忆与现代价值融合的连接者。在与村民互动、对话的过程中，要重塑村民的主体性，激发村民的主动性，作为文化的启蒙者为乡村提供创意、设计、技术、专业知识等支持。

在实际建设中，有的艺术创作者通过长期驻村，搬至乡村生活或在乡村创办工作室，深度融入村庄与村民的日常生活中。在乡村中获得创作灵感，通过艺术改变乡村空间，为乡村带来新鲜的文化氛围。也有部分艺术创作者，通过举办或参与乡村艺术节，短期驻留乡村，原始的乡村环境为其提供丰富的乡村艺术元素与全新的创作空间，在乡村进行为期几周或几个月的村庄驻地创作活动，留下了艺术创作。

目前，中国乡村的大地上已成功举办了"关中忙罢艺术节""桐庐大地艺术节""四川省乡村艺术节"等众多影响力较广的乡村艺术节。在相关的汇展空间建设中，艺术创作者们以村庄内部资源为依托，从村民的角度介入，用村民理解、认同的艺术方式进行改造和创造。"乡创客"们成为本乡村的"编外成员"，投注了属于艺术创作者与村民共同的乡情，焕新乡村记忆，构建村民、艺术创作者等多方主体共有的全新的乡村文化记忆空间，创造全新的乡愁情结。

四、艺乡一体的新生——艺术乡建的未来发展

流水才能带来生机和活力。这个深居秦岭北麓的村庄不再甘于固守，通过聘请"艺术村长"走上了艺术乡建的道路。"艺术村长"的长期驻村给村庄

注入了艺术气息与新的活力,并且源源不断地吸引新的外来者参与。在游牧状态的艺术行动中,曾经湮没的民俗旧物和乡土文化被重新看见并且被二次创作,成为乡村里的独特风貌。"忙罢艺术节"不仅吸引了艺术家们前来创作,更让他们与此地结缘,扎根乡村,探寻创业机会和新的生活方式,成为这里的"乡创客"。

1. 交往:人的融入、接纳与回流

艺术与乡村的相融共生离不开本地村民的包容与接纳,并且这种包容并不是一蹴而就的。起初也有村民并不理解,甚至阻挠来自美院师生的改造,直到艺术家们用行动走进他们的内心,在沟通交流中了解双方诉求。艺术改造不是自上而下的悲悯与关怀,而是平等与尊重。这样不仅改变了村庄的样貌,为村庄带来了生机与活力,也带动了乡村旅游发展。至此,本地村民与外来者经历了从陌生到熟悉,再到信任,人与人之间的关系就这样产生了连接,艺术创作得以落到实处。正是因为艺术家对村庄的熟悉,才能从中挖掘出像明阳寺的遗迹故事、新兴寺的苹果习俗等蕴含丰富文化底蕴的民间传统,也正是村民主动接受美育,参与艺术实践,才有了那些共同完成的艺术作品。

图 4-11 鄠邑区石井街道栗峪口村青年乡创客服务中心

艺术乡建吸引了外来者，带动了本土村民，外出务工的乡民也重回故土，这得益于"忙罢艺术节"带来的一系列连锁反应：乡村的基础设施不断完善，8号公路沿线村庄的旅游业得到发展，曾经由于生产方式落后、经济发展模式单一导致的流失人口出现回流。他们发现村庄早已换了模样，在生长于斯的故土也能有很好的工作机会，还有机会创业，实现自己的抱负，于是积极投身家乡的建设中。

"艺术村长"的聘请使得艺术乡建得以有序开展，为乡村吸引了更多的艺术人才；艺术乡建的开展增进了艺术家与当地村民之间的情感联结，合作参与到乡村建设中；乡村建设的发展使得外出务工的村民回流，乡村恢复了往日的人气。这是艺术乡建给输入人才带来的一系列正向反馈。

2. 连接：配套孵化中心的搭载

乡村振兴要想留住人才，首先需要保障硬件设施。村庄经过艺术升级后，过去相对滞后的基础设施、公共服务和环境建设方面也随之得到了配套提升。不论是进行在地艺术实践的创作者，还是前来打卡艺术作品，体验乡村文化风貌的外来者，以及本地生活的村民都能提升自身的幸福感。而更重要的是为返乡青年提供交流学习与项目孵化的服务平台。于是，在地方政府的支持下，青年"乡创客"联盟与"青年乡创客服务中心"先后成立，从资源汇聚、思想交流、政策措施等诸多方面服务涉农的青年创业项目。通过"乡创客"的共享空间，来自不同地域、不同领域的有志青年得以建立交流与联系，同时也能通过这样的平台对接并获取其他资源配置，形成孵化创意产业的母体。

随着互联网以及移动设备的迭代升级，线上与线下空间的界限被打破。与此同时，零工经济也在不断发展，跨地域的远程式办公日益成为新兴的择业方式。数字化的工具为游牧式的工作生活提供了可能，越来越多的年轻人选择成为具有高度灵活性的"数字游民"，从逼仄压抑的办公楼和令人精疲力竭的长距离通勤中逃离出来，转向广阔舒畅的乡野空间寻求心灵的放松，让生活和工作在自主选择中有机结合，这部分人群也是"乡创客"空间想要吸引的对象。在

"忙罢艺术节"的辐射下,8号公路沿线村庄兼具生活品质与经济效益。对于"数字游民"来说,乡村的生活成本也更低。他们可以在"乡创客"平台的支持下定居乡村,创建工作室。对乡村而言,更有利于发展乡村振兴,缩小城乡差距。"乡创客"空间也将成为连接新旧乡民的桥梁,吸引更多志同道合的青年群体迁移至此,让这片土地成为他们共同的归属。

3. 生长:因地制宜的艺术化

乡村的吸引力不是来自持续不变的固定人口,而是来自不同人口的流动。流动性并非意味着人气的消散,城市中的人口同样也是持续流动的,这正是活力的表现,而活力的根源还是在于乡村自身的生长能力。它不是固守传统的一潭死水,而是不断吸收时代特质丰富自身的活水。在媒介化社会中,诗和远方不再是与世隔绝的存在,而是具有生活气息的理想处所。它需要保持原有的乡村特性,使其具有区别于城市的吸引力,也需要新创意、新技术使其能随时代的发展迭代出新的乡愁。

生态环境是艺术审美与乡愁别绪的情感载体。秦岭北麓远山连绵、云雾环绕,优美的景致令人心旷神怡,这既是艺术创作的重要内容,也是乡村旅游有待开发的绿色生态资源。但鄠邑区对这里的资源开发是有选择、有节制的,大片葡萄园尽头是区隔原生态与居住地的路障,乡野郊游与生态保护得到有效平衡,物理情感载体也得以长久延续。因此,地方性始终是艺术乡建的核心,遵循乡村自身的发展规律才能实现艺术乡建的可持续发展,这需要将艺术实践落在实处,激活在地的内生力量,将秦岭北麓打造成越来越多人心灵的归属。

乡土文化是中华传统文化的根基所在,8号公路沿线村庄之所以有机会得到艺术赋能,正是"忙罢艺术节"这个传统节日原生潜力得到挖掘的结果。这种对地方的重新发现不只是对本地记忆的搜集,或是把遗存当作旅游开发的资源,而在于发现地方生活生长的肌理,以适宜为尺度调节人与物、人与人的关系。[①]

---

① 陈霖.重新发现地方:博物馆展览的数字叙事[J].东南学术,2023(04):137-146.

中国的乡村土地上蕴含着丰富且深厚的文化，曾经是这个农业大国的经济支撑与精神命脉，自然也随着历史的演进与人口的繁衍生息而铭刻了一个地方最初的印记。村民在农忙之余的消遣衍生了"忙罢"的传统，"忙罢艺术节"则让村庄得以被更多人看见。地方文化禀赋得到挖掘，在地田野调查有效梳理了乡村的历史、地理与文化，围绕关中进行的艺术创作使得地方特色禀赋得到凸显，营造了当地独特的文化氛围，来自不同地方的人们汇集于此，对地方的认同感也得以重构。

五、结　语

艺术深入乡土大地，既促进了艺术的在地化发展，又推动了乡村振兴。"关中忙罢艺术节"是艺术赋能乡建的成功案例，在六年间的一场场汇展中，失落的乡土大地在现代文明中重新回归，沉寂已久的乡土记忆重新焕活。其中，艺术家、当地居民、当地政府与游客共同发力，艺术的场域被重新定义，记忆的空间被重新建造，最终形成现代艺术与传统乡村共融的新文化空间，并形成促使乡村建设发展的长效力量，推动乡村振兴的实现。在终南大地上，新的故事正在书写，新的文化正在传承，新的记忆正在延续，新的乡村正在建设。

第五章　艺术破圈："关中忙罢艺术节"的社区艺术实践

"社区艺术"的概念最早是由美国艺术家苏珊·雷西（Suzanne Lacy）提出的。她将此类艺术称为"新类型公共艺术"（New Genre Public art），认为"新类型公共艺术"使用传统及非传统媒介的视觉艺术，与广大且多样的公众互动，讨论直接与他们有关的议题。① 换句话说，参与者的介入是"新类型公共艺术"保持社会属性的关键，使公共艺术不再单纯作为提升艺术欣赏的新手段，而是让公共艺术能够真正影响社区／社群内外的人的生命。② 也就是说，"社区艺术"更加注重实用性和民主性，艺术表现手法和艺术形式也变得更加多样，艺术的载体由具体的物件扩大到更大的居民生活公共空间领域。 对于"社区艺术"，普遍认为"其具有民众参与、重视在地性、根植于社区这三个特点，特别强调社区户外活动的开放性和大众参与性。"③审视乡村振兴视域下的乡村社区实践过程，艺术实践正在成为新时代农村建设的新路径，艺术介入正在成为建设乡村社区的有效方法。

---

① 苏珊·雷西.量绘形貌:新类型公共艺术[M].吴玛俐,译.台北:远流,2004:27-28.
② 苏珊·雷西.量绘形貌:新类型公共艺术[M].吴玛俐,译.台北:远流,2004:72-73.
③ 付雷,公伟."社区艺术"在住区公共空间中的应用研究——以北京回龙观社区为例[J].设计,2018(17):20-22.

一、"以秦岭为幕,麦田为台"的艺术展演

蔡家坡村位于西安市鄠邑区城南 10 千米处,依山傍水,拥有得天独厚的自然优势,经过历史的沉淀早已形成了以自然生态风光为主的旅游产业。然而,当这个位于秦岭腹地的小山村遇上"关中忙罢艺术节"后发生了连锁反应,尤其是新类型公共艺术本身所具有的多元属性彻底改变了原有的形态,为所有参与生产的主体增添了一丝不确定性——非物化的艺术品、艺术家、村民以及游客的模糊界限,使社区艺术这一形式成为公众日常生活中的有机组成部分。

1. "关中忙罢艺术节"中的社区艺术实践

"忙罢会"是关中地区农民在夏忙结束后庆祝丰收的传统习俗,经过不断添加其他庆祝节目,逐渐发展成了"忙罢节"。2018 年,西安美术学院和鄠邑区政府合作,以"忙罢"这一传统习俗为背景,举办了"关中忙罢艺术节",并启动了一系列乡村艺术项目,正式开始了蔡家坡村的艺术实践之旅。2021 年鄠邑区政府制定了《西安市鄠邑区文化艺术村建设实施方案》,文化艺术村建设全面启动,以乡村土地为艺术展演空间,以田野麦地为展示场地,通过艺术实践激发"忙罢节"这一民俗传统的生机与活力。

背靠巍峨秦岭,在麦田之中建起"终南剧场",各式各样的艺术演出在这个自由的天地之间尽情展演,秦腔、小品、民俗民谣、传统戏曲等艺术演出纷纷踏进麦田之中的舞台。除了专业艺术工作者,当地村民也纷纷加入艺术表演团队。文艺表演者队伍的壮大使得蔡家坡村的艺术项目不断丰富与扩展,成为"关中忙罢艺术节"不可或缺的一部分。艺术不再是普通人无法接触与难以理解的"阳春白雪"。"关中忙罢艺术节"中的社区艺术实践使其成为人民群众喜闻乐见的艺术形式。

以"关中忙罢艺术节"为核心的社区艺术实践,为乡村打造了独特的文化风景,也让艺术关注乡村、关注农民、关注乡情,这是艺术创作与乡村社会的双

赢，同时也让蔡家坡村形成了很好的文化艺术氛围。① 具体而言，每一届"关中忙罢艺术节"都呈现出不同的艺术实践路径。

"第一届关中忙罢艺术节"既有乡土小品表演，也有与当下流行趋势紧密结合的前卫歌舞，不仅打破了传统艺术进乡村社区的"固有模式"，而且将乡村中传统的生活方式、价值认同、行为规范、自生秩序与现代文明、创新文化、新式旅游相融合。这种传统与现代的结合是社区艺术实践在"关中忙罢艺术节"中的最大亮点，既体现了艺术的包容性，也突出了社区艺术实践的深度与广度，形成了古老与现代、城市与乡村、公共空间与群体社区相互成就的有机关系。为了让艺术实践真正下沉到乡村社区，深入老百姓中间，以秦岭为幕，麦田为台，扎根乡村土地显得尤为重要，而"合作艺术展"板块就是以乡村的家庭或个体为艺术创作对象，将学术研究逻辑与艺术审美相结合，以人为中心展演属于老百姓自己的故事。

"第二届关中忙罢艺术节"的策展理念与原则相对而言更加清晰且具有针对性，将"地域""生态化""实用性"作为举办艺术节的三大原则，其目的就是让艺术更加贴近乡土与乡民，例如新增的"终南戏剧节"模块，以秦岭为大幕，在麦田之中搭设一座乡村戏剧舞台。作为"终南剧场"的重要支撑，这里成功举办了戏曲表演、音乐演奏、晚会庆典等，实现了艺术与大自然、艺术与乡村生活的完美结合。此外，电影也成为艺术进乡村的典型代表。在艺术节活动期间，主办方在全球遴选了多部著名电影进行放映，将世界各地的风土人情聚集在蔡家坡村这个特定的艺术社区，从而将这个小小乡村带入国际艺术大世界中。

"第三届关中忙罢艺术节"承袭了前两届的成功经验，同时加入新内容，开辟了"乡村社区艺术节"板块，将周边其他村庄纳入整体村落群，围绕"一线、三点和一中心"打造艺术乡建村落，其中"一线"指的是8号公路，"三点"是指包括蔡家坡村在内的周边三个村子，"一中心"则是指文化艺术中心。很显然，

---

① 原韬雄.艺术风景留在家门口[N].人民日报,2023-1-4(12).

第五章　艺术破圈："关中忙罢艺术节"的社区艺术实践　　99

通过"乡村社区艺术节"将更多的艺术元素注入社区之中，陆续建立了富有艺术气息的乡村村史馆、美术馆、民俗馆、咖啡厅等设施，从而完成了普通乡村到艺术社区的蜕变。

"第四届关中忙罢艺术节"将"乡村社区艺术项目"板块由原来的"一线、三点、一中心"扩展为"一线（8号公路沿线）、四点（蔡家坡村、栗园坡村、下庄村、栗峪口村）、两中心（石井文化艺术中心、直峪口文化艺术中心）"，旨在将社区艺术实践再次深度参与到乡村建设中，通过一系列乡村文化新场所的营建和一系列围绕在地文化的驻村研究，与村民共同构建蔡家坡"新乡村文化"系统。

图 5-1　蔡家坡村村史馆

"第五届关中忙罢艺术节"在"社区艺术计划"模块下分设了蔡家坡村"美好乡村计划"，吸引了"贝尔来了"等52家新潮品牌参与，有轻食、饮品、手工艺品等多种商品展览及销售，连续两天傍晚还在蔡家坡"艺术村长之家"门前小院举办了小型弦乐、萨克斯音乐演出。《原境：闽陕民间艺术"对话"展演项目》将陕西的皮影、社火、秦腔与闽南的南音、高甲戏等民间艺术分散在"村景、节庆、祭祀、生活、民乐、技艺"六个主题中进行"对话"形式的展览，表现闽陕两省不同的文化土壤与意境。这一系列乡村文化新场所的营建和主题活动的举办，与村民一起建构乡村之美，鼓励村民参与乡村美学共建。在植根村民日常生活与生产的前提下，共同营建蔡家坡"乡村美学新场所"，以乡村美学促进乡村发展，实现乡村振兴。

2. 社区艺术对乡村的介入

社区艺术强调的是大众性与民众的参与度。因此，当社区艺术走入乡村，不仅仅能为乡村审美与环境带来新一轮升级，也是对村民的精神面貌与内心世界丰富度的进一步提升。在蔡家坡村，社区艺术不再专属于"学院派"艺术家，每位村民都可以是创作者，都可以是艺术的参与者与实践者。社区艺术的介入因为调动了"人"这一关键因素，更能提升整个乡村的活力。在这里，社区艺术包含的范围十分广泛，当其介入乡村环境空间生产时，能够全方位地提升乡村，由表及里赋能艺术乡建，由内而外推动乡村振兴。

随着乡村社区艺术成为新型公共艺术的一部分，其对于地域性文化的传承与发扬有着举足轻重的作用，同时也将重塑乡村形象，改善乡村环境，提升村民的文化素养，进而加强村民的归属感与自豪感，强化了人与土地、人与家乡的连接。蔡家坡村作为社区艺术介入乡村空间生产实践的成功案例，能够在这里看到艺术作品在乡土形态重塑方面引起的波动，可以看到艺术作品与村民生活零隔阂的相融。很显然，社区艺术在蔡家坡村开拓了艺术与生活、居民与社区对话的新视野，不仅通过其在公共设施、公共建筑和公共空间中的艺术表现形式使公众感知周围环境，而且传达出了区域文化价值和增强地方认同感。①

社区艺术介入乡村空间生产的模式丰富多样，乡村社区中的艺术展馆便是其中一种，以具体的实物建筑为艺术载体嵌入乡村的艺术形式是很多"艺术乡建"都会选择的方式，蔡家坡村村史馆利用照片和实物展览向外人叙述村庄变迁的故事和特色民俗记忆。乡村社区民俗馆通过具体民俗物品的陈列，让游客能身临其境地感受传统民俗的样貌。当社区艺术全方位介入乡村，以故事和记忆为内涵的"农村美术馆"就建成了。当然，"农村美术馆"并不是独立的存在，而是借助"新类型公共艺术"实践将村庄整体变成了"天然美术馆"。"农舍是展

---

① 付雷,公伟."社区艺术"在住区公共空间中的应用研究——以北京回龙观社区为例[J].设计,2018（17）:20-22.

场、稻田是画布、农夫是艺术家、农产品是艺术品",①这也是社区艺术与乡村合作的新模式、新探索、新道路。

乡村社区艺术实践是一种全新的模式,需要多方共同合作来完成,包括社区规划、艺术设计、工业设计,甚至是数字媒体宣传等多学科、多领域的共同支撑,鄠邑区政府与西安美术学院的深度合作恰恰体现了社区艺术进入乡村的合作力量。即便这样,乡村社区艺术实践也不能生搬硬套书本上的理论,更不是"学院派"的异想天开,艺术资源与灵感都应该与当地的文化资源相结合,从而创造出独具蔡家坡特点的艺术社区。因此,当社区艺术成功介入乡村且发展到一定规模时,必须充分挖掘当地的艺术文化资源,而乡村特有的文化和自然资源是乡村发展的关键和内生动力,"艺术设计应尊重乡村特点,关注本土特色资源,明确乡村的独特身份与价值所在,顺应、保护和发扬乡村的多样性与差异性"。②以蔡家坡村和周边村庄为基地的艺术村落建设就是紧紧抓住了"关中忙罢艺术节"这一独特的关中习俗,以这一特定的民俗文化为切入点,进一步扩展了在此地发展艺术实践的规模。

虽然社区艺术遇上蔡家坡村已经产生了良性循环,但不可否认其起源于城市,一开始的发展路径与方式都是"城市基调"。当其尝试介入乡村时,"不是简单地把某种城市化、学院化的艺术样式带到乡村予以展示,而是基于社会发展现状,以乡镇现代化发展为针对,以在地现实为依据,以乡民诉求为目标,深入、持续观察乡村在文化、经济、风俗习惯的演化特质"。③村民是乡村的主体,当社区艺术实践介入乡村时就必须考虑主体的能动性,只有充分且积极地调动村民本身的自主参与意愿,社区艺术乡村实践才不会成为昙花一现且虚无缥缈的存在。比如艺术表演进入乡村,村民不仅仅是观众,还可以是站在舞台之中

---

① 赵容慧,曾辉,卓想.艺术介入策略下的新农村社区营造——台湾台南市土沟社区的营造[J].规划师,2016,32(02):109-115.
② 张京祥,申明锐,赵晨.乡村复兴:生产主义和后生产主义下的中国乡村转型[J].国际城市规划,2014,29(05):1-7.
③ 武小川,张亚谦,曾宪洲."艺术乡建"的关中探索[J].上海艺术评论,2019(04):53-55.

的演出者。再比如艺术实践产生的一系列文旅商业活动，也需要鼓励村民积极加入产业链条中，要让村民深切感受到乡村社区艺术发展对自己的实际影响。鉴于此，蔡家坡国际艺术社区的所有艺术实践都需要"民主化"设计，"以人为本设计、参与式设计、协同设计都是以人的生理和心理需求为基础，以调动人的积极性、主动性和参与性、创造性为目标的民主化设计"。① 蔡家坡村通过内部与外部的乡村社区艺术实践，不仅取得了村落文化艺术建设成就，更强化了村民们的主体意识。

二、艺术实践走向乡土大地的"破圈"路径

在不少人的传统观念中，艺术是高不可攀的，是只有上层人士才能接触到的事物，只存在于博物馆中，展现在影视中。然而，事实并非如此，随着改革开放以及国民受教育程度的普遍提高，艺术已经不再是"阳春白雪"，艺术早已"下沉"到民间。公共艺术已经作为一种新的形式闯进大众的视野与生活之中，尤其是随着乡村振兴与艺术乡建的不断深入，艺术再次"破圈"，在乡土之间大放光彩。西安美术学院师生的校园艺术与蔡家坡村村民的乡间艺术的结合就是艺术实践走向乡土大地的"破圈"路径。

1. 艺术"破圈"走进乡土

何为艺术？麦田里的演唱会、麦秆做成的工艺品、农具化身的雕塑……这些都是艺术。安迪·沃霍尔认为，"艺术平民化"的关键在于"公众熟知"，应将公众熟知的人物或事物作为艺术载体。约瑟夫·波伊斯认为，"艺术平民化"的关键在于"公众的参与"，参与的公众都是艺术家。② 二者对于"艺术平民化"的看法虽然有所不同，但都强调了将艺术"下拉"至普通人的普通生活中。而

---

① 郭寅曼，季铁. 社会转型与乡村文化建设中的设计参与[J]. 装饰，2018(04)：39-43.
② 吕彤. "艺术平民化"的两个案例——安迪·沃霍尔与约瑟夫·波伊斯作品解读[J]. 天津大学学报（社会科学版），2008(02)：164-168.

乡村较之城市地区有着更为广袤的艺术创作空间和独特的创作元素，这也为艺术走进乡土提供了可能性。乡村的墙壁与田野就是艺术创作的图纸，独特的乡村传统习俗与风土人情就是艺术创作的灵感之源，要实现艺术与乡村的有机互动需要找准切入点，不能脱离乡村实际需求。"关中忙罢艺术节"就是艺术介入乡村很好的切入点，通过艺术节进一步整合文化资源，培育多种乡村艺术形态，赋予乡村艺术调性。艺术进入乡村不仅能改变乡村区域的文化环境和氛围，还可以将当地丰富的自然资源和文化资源转化为乡村发展的动力，以乡村美学助力乡村发展。

艺术走进乡土便成为乡土艺术，其创作题材围绕乡村地区的人与物展开。无论是具体的农民题材，还是模糊化的乡村文化，都可以整合于一体，共同构成乡村艺术的集合。例如，蔡家坡村的农屋墙壁上有以乡民为主角的壁画，也有突出秦岭脚下乡村美景的艺术摄影作品。当然，其艺术形式不限于绘画与摄影。在多元发展的信息时代，要推动艺术乡建需要结合时代特征，多媒体艺术、雕塑艺术、剧场艺术、景观艺术等多种形式在蔡家坡村均得以展现。此外，乡土艺术的关注点也需要从艺术表现形式转向乡村和乡土社会本身。从解构理论的角度来看，"乡土艺术"不断发展的过程，实际上是乡村文化不断被"解构"的过程，同时也是一个更新和重建的过程。"乡土文化"的发展与乡土社会息息相关，乡土社会是"乡土艺术"创作的源泉。[①] 艺术"破圈"走进乡村，也是乡村文化发展的过程，乡村本土文化的重建与更新对于艺术乡建尤为重要。

艺术走进乡土实际上也是一种空间转向。空间可以是物理意义上的客观存在，也可以是一种社会关系的构建，传统的空间理论多用于城市传播领域。"艺术下乡""艺术乡建"本身就是一种打破"城市中心论"的实践形式。列斐伏尔将物质空间、精神空间和社会空间统称为"三元空间"，其中第三元空间强调的

[①] 李万瑜.论四川美术学院"乡土艺术"的嬗变[D].重庆:四川美术学院,2018.

是生活在其间的个体对日常生活的亲身实践，能够解构与重构物质空间与精神空间，从而达成三个空间的互嵌与共生。① 艺术走入乡土大地就是以一种特殊的媒介建构新乡土空间，形成"新类型公共艺术"媒介化空间。"关中忙罢艺术节"作为一种艺术实践形式，在蔡家坡村建构出一种新的乡村社会结构，让"乡土空间"变为"艺术空间"，村民被纳入"艺术家"领域，原本普通的乡村生活也被"艺术化"，这一切共同构建了一种全新的乡村社会景观。在这种全新的社会结构中，老百姓的生产生活方式都发生了巨大的变化，这种变化又反过来改变了蔡家坡国际艺术村的社区艺术生态，蔡家坡村本身也被改造成为一种向外界传达艺术审美、商业价值、文旅资源等众多信息的媒介，进一步提升了蔡家坡村的综合价值。

2. 艺术家"扩容"吸纳村民

蔡家坡村的乡村艺术实践打破了大部分人对艺术的"刻板印象"，一些在老百姓日常生活中经常出现的物品经过"新类型公共艺术"实践成为艺术品，村民也在"艺术家"的指导下"在地"创造艺术作品，有的人甚至成为艺术家的一分子，"以秦岭为幕，麦田为台"进行艺术表演。从理论上讲，蔡家坡村的乡村艺术实践完全遵循了艺术建设的"主体化原则"，因为主体化体现在艺术创作的全过程，包括艺术创作、艺术成品、艺术欣赏。换句话说，艺术介入乡村从形式上看是完成了各种艺术作品，但实质依旧是为了构建乡村艺术社区。村民是乡村的主人，也是乡村建设的主体，需要让他们通过自我实践慢慢意识到每个人都是艺术家，每个人都可以参与到艺术实践中，进而引导他们改变对艺术的看法，引领他们走向乡村艺术道路，进行艺术实践。"在劳作与艺术的轮流交替中获得身心满足，这在村民主体中又注入了更具文化质感的生命力量。当村民群体开始关注、理解乡村无形、隐性文化的价值时，开始有了守护、传承、推广的意愿，这是村民主体成长的一个全新里程。"②

---

①邹鑫.乡村振兴视域下中国西部乡村的空间再造与传播再生——以"关中忙罢艺术节"为例[J].新闻知识,2023(03):43-49+94.
②王孟图.从"主体性"到"主体间性"：艺术介入乡村建设的再思考——基于福建屏南古村落发展实践的启示[J].民族艺术研究,2019,32(06):145-153.

第五章 艺术破圈:"关中忙罢艺术节"的社区艺术实践 105

"关中忙罢艺术节"的品牌成功打响之后,每年艺术节期间吸引着成千上万的市民群众和外地游客前来观看游览,"村民在家门口就能观看话剧、音乐会、戏曲等艺术表演。村民是艺术的享用者,更是参与者"。[①] 随着越来越多的艺术文化活动在蔡家坡村开展,不断激发村民参与艺术实践的欲望,越来越多类似秦腔、小品、广场舞等村民自己创作的文艺表演走上了舞台,在乡村大地上尽情地演绎。村民的"绝活"有了展示的艺术空间,艺术乡建的内容也逐渐变得丰富,村民的主体地位和文化认同感更是进一步加强。

为了进一步拉近村民与艺术节之间的距离,调动村民参与艺术活动的积极性与可能性,西安美术学院的武小川教授与其团队还专门打造了"艺术村长之家",聘请优秀艺术家担任"艺术村长",指导蔡家坡村村民的艺术实践工作。久而久之,"艺术村长之家"不仅成为蔡家坡村与外界进行艺术交流和资源整合的平台,更成为蔡家坡村的公共文化场所,村民的文化艺术想法都可以在这里与专业的团队进行探讨。在这个艺术空间里,村民完全可以构想艺术形态,并参与具体的艺术实践,甚至亲自上阵进行艺术表演,真正做到了村民与艺术的完美结合,同时也创作出具有实用性的艺术作品,客观上助力蔡家坡村的发展与振兴。

在"艺术乡建"的催化下,将村民的想法搬上表演舞台,让村民的身影活跃在独特的艺术空间里,这也体现了艺术乡建过程中的"民主化原则"。"民主化原则"是指以人为本设计、参与式设计、协同设计都是以人的生理和心理需求为基础,以调动人的积极性、主动性和参与性、创造性为目标的民主化设计。[②] 艺术实践需要尊重村民个体的意愿,发挥他们的创造性,调动他们的能动性,激发他们的参与热情。无论是"蔡家坡艺术村"的落地,还是村民自发的艺术表演,抑或是村民的艺术作品陈列,都强化了村民们对乡村事务的参与意识,增强了其对整个乡村的文化认同感和自豪感。

---

①原韬雄.艺术风景留在家门口[N].人民日报,2023-1-4(12).
②董占军.艺术设计介入美丽乡村建设的原则与路径[J].山东师范大学学报(社会科学版),2021,66(01):101-108.

图 5-2　蔡家坡"艺术村长之家"（王雅洁摄）

艺术赋能乡村振兴，一些原本就是艺术家的农民也借此大展才华。户县（鄠邑区前身）农民画已经有几十年的发展历史，经过半个世纪的演变与发展，已经形成了独特的地域文化风格。借助"关中忙罢艺术节"的顺风车，农民画得到了新的发展机遇，农民画家有了施展才华的新平台。农民画家通过描绘农家生活、丰收和节庆场面重新演绎农民画，同时借助"关中忙罢艺术节"带来的流量，依靠全新的商业战略和新媒体传播手段，让农民画被更多国内外游客所知晓，既体现了农民艺术家的艺术绘画才能，又展现了其艺术能动性与传播性，更推动了这一文化艺术的经济效益，为其反哺乡村文化社区的建构提供了可持续性。

总之，无论是村民们自己站上舞台展示艺术，还是农民画得到了进一步关注与发展，都体现了"关中忙罢艺术节"作为一种新的艺术实践路径和文化媒介载体，不断拓展着"艺术"的内涵与外延。

3. 日常生活的艺术化

艺术要想成功下乡，必须使其表现形式贴近村民的日常生活，要有"贴近性"。所谓"贴近性"就是指让艺术作品贴近村民的日常生活，因地制宜、因势利导，结合具体环境进行创作，让艺术作品和乡村现场产生关联。① 艺术家罗伯特曾经说过："艺术的实践是我们开始丰富我们感知的开端，现在它落实到特殊的社会活动，进入我们日常生活的每个环节。"② 在蔡家坡村文化艺术展馆中，一些在村民家中十分常见的生活物品和生产农具以实物或照片的形式得以再现，让村民们在展厅里看到了自己村、自己家的那些日常生活细节，看似平淡，却蕴含着乡村的"日常之美"。③ 异曲同工，蔡家坡村的"艺术村长之家"也是由村民闲置屋舍改造而成。此外，乡村书店、终南市集、民宿、艺术工坊等各式各样的艺术空间都是围绕村民日常生活与生产建造的，这种艺术实践路径打破了艺术与日常生活的界限，让蔡家坡村村民的日常生活变得艺术化。

"日常生活艺术化"除了将村民们习以为常的用品与景象改造成艺术品之外，还包括将村民们的日常生活空间艺术化，艺术元素植入日常生活空间使得生活与艺术相融合。"关中忙罢艺术节"对蔡家坡村村民生产生活的介入就是日常生活艺术化的典型代表。乡村社区艺术项目的核心就是将乡村空间与日常生活艺术化，实现整个乡村的艺术建构，赋予普通乡村生活新的艺术活力。通过艺术赋能实现日常生活与艺术相互融合、相互统一，使得原本琐碎、被遮蔽、隐晦的日常亲历实践走向整体化、可见化、意义化，④ 让村民的日常生活变成书写艺术的第一灵感来源。

三、从普通村庄到艺术村落的转型

蔡家坡村曾经是一个宁静而普通的乡村，与无数中国农村一样，在时代的浪潮中默默耕耘，承载着村民们的希望与梦想。然而，随着城市化进程的加速，

---

① 董占军.艺术设计介入美丽乡村建设的原则与路径[J].山东师范大学学报(社会科学版),2021,66(01):101-108.
② 卡特琳·格鲁.艺术介入空间[M].姚孟吟,译.广西师范大学出版社,2005:194.
③ 原韬雄.以乡村美学促乡村发展[N].人民日报,2023-1-4(12).
④ 邹鑫.乡村振兴视域下中国西部乡村的空间再造与传播再生——以"关中忙罢艺术节"为例[J].新闻知识,2023(03):43-49+94.

蔡家坡村也未能幸免于"农村空心化"的困境。十几年前，蔡家坡村的青壮年们纷纷踏上了外出务工的征程，怀揣着对美好生活的渴望背井离乡，希望能在城市中找到自己的立足之地。随着他们的离去，村子的人口逐渐减少，老人和儿童成了留守的主力军，村庄老龄化问题日益凸显，劳动力短缺使得农田得不到有效的耕种，农业生产效率低下，农村经济发展停滞不前。这种困境不仅限制了村子的产业发展，也制约了村民们的收入增长，使得蔡家坡村的经济陷入了困境。然而，正是在这样的困境中，蔡家坡村开始寻求转型之路，探索艺术与文化的新路径，试图通过艺术的力量唤醒村庄的活力，为村民们带来新的希望与机遇。

1. "空心村"的蝶变重生

"空心化"村庄是指由于人口减少、人口老龄化、青壮年劳动力外出务工等原因，农村地区出现人口流失和社会经济资源减少的空心化现象，这种现象在许多农村地区都存在，蔡家坡村也不例外。"小时候家里太穷了，我一天学都没上过。"在村民余晓芹的记忆中，20多年前的蔡家坡村，走的是土路，睡的是土炕，烧的是土灶，完全和艺术"绝缘"。① 当艺术与蔡家坡村邂逅，村民的日子过好了，家家盖起了砖瓦房，不少人在家门口实现了就业，而且因为艺术赋能乡村吸引了不少艺术家入村成家立业。例如，2023年8月，来自广东的女孩阿喵和男友阿豪在鄠邑区民政局登记结婚。阿喵是土生土长的广东姑娘，毕业于广州美术学院，2022年应邀来到鄠邑区创作壁画，在这里待久了，爱上了陕西的风土人情，也收获了真爱。小两口在村子里开起了广式茶餐厅，村民们在村子里也能吃上正宗的广式茶点。去阿喵的茶餐厅吃茶点，成了很多年轻人的打卡项目。

8号公路沿线也"长"出了各式各样的新业态，很多人大老远慕名而来，只为喝一杯村咖，打卡某家餐厅或者住一晚民宿。看得见山，望得见水，闻得到咖啡香。由废弃粉石厂改造的网红景点"土锤咖啡馆"背后便是青葱碧绿、云

---

①刘印,骆妍,李晗茹.秦岭山村的振兴路[N].陕西日报,2023-12-06(001).

雾缭绕的秦岭。土锤咖啡馆周内也不乏年轻人来打卡泡吧，周末或节假日更是一座难求，最火爆的时候甚至比大城市中心商业区的咖啡店销量还高。村民宋洒红说："咖啡馆在农村还是很新鲜的，自从做了咖啡师，我感觉自己也年轻了，每天都过得很充实。"土锤咖啡馆的员工基本都是在村里招的，十余位像宋洒红一样的农民，像她一样的"嫂子咖啡师"，在农忙时种田，农闲时就放下锄头做咖啡。①

2023年端午假期，3天内有5万人来这里喝咖啡、听爵士乐……"艺术乡建"在蔡家坡村及周边村庄催生出新的消费场景，也推动了民宿、农家乐、文创制造、乡村休闲游等多元产业的发展。随着村子旅游业的发展和资源的盘活，一方面，越来越多的年轻人愿意返乡，开辟出各种新业态，很大程度上缓解了以往严重的空心化和老龄化问题；另一方面，一连串新产业又为村子提供了更多的就业岗位，让村民不必奔波到远方，在自家门口就能找到喜欢的工作。在外打工的人也陆续回了村。截至2023年12月，蔡家坡村旅游从业人员达到200余人，年旅游综合收入1400余万元，村集体经济收入从2018年的21.6万元，增长到2022年的约80万元。②

村子有了产业，游客多了起来，农产品和手工艺品有了销路，年轻人纷纷回乡创业，在自家门口创业。鄠邑区政府也投入资金，改善村里的基础设施。蔡家坡村已经建起了村史馆、美术馆，挑选"艺术村长"，打造艺术空间——2021年12月，鄠邑区为蔡家坡村、栗园坡村、栗峪口村等5个村子在全国挑选了5名"艺术村长"。他们分别来自中央美术学院、清华大学美术学院等艺术院校。其中，资深策展人宋群是蔡家坡村的"艺术村长"。他于2022年3月开始打造"艺术村长之家"，计划将民房旧居进行微改造，既能做公共活动空间，又能做民宿。最合适的是村民方彩霞的家，两层楼5间房，还带个小院子，没想到团队一上门却被泼了冷水。宋群及团队成员一遍遍上门做工作，不仅答应给房子

---

①李彬.鄠邑，忙吧！——乡村振兴，既要生活富裕更要精神富足[J].当代陕西，2023(19):36-41.
②刘印，骆妍，李晗茹.秦岭山村的振兴路[N].陕西日报，2023-12-06(001).

做装修,还连续租了10年,一年租金有数万元。 最后,在外工作的儿子说服了母亲:"咱村要发展,得信任人家!"方彩霞终于同意了。 看着自家的房子焕然一新,方彩霞打心里高兴。 不少村民也主动找到村委会,也想把自己的房子租出去。 宋群说:"我们发掘乡村的日常美学,将这些元素融入设计中。 它可以作为蔡家坡村的对外窗口,更是乡村振兴参与者的驻村工作场所。"①

2. 社区艺术乡村实践

蔡家坡村这个位于秦岭山脉北麓的宁静村落,深受关中地区传统农耕文化的影响。 每当"忙罢"时节到来,村民结束了繁忙的夏收工作后,村庄便沉浸在一片宁静与喜悦之中。 当这种传统文化伴随着社区艺术乡村实践悄然展开时,这片古老的土地便被注入了新的活力。 例如,"第一届忙罢艺术节"就是艺术乡村实践的尝试,艺术节共有"关中忙罢艺术节"表演、麦田大地艺术展、合作艺术展、粮食计划四个部分。 第一部分由西安美术学院健美操队带来开场秀,随后是当地村民自编自演的小品《百善孝为先》以及西安美术学院实验艺术系师生表演的实验话剧《乡约之体》。 秦岭脚下,村民小品与时尚表演、乡土派与学院派因为"关中忙罢艺术节"的勾连发生了奇妙的反应。 第二部分"麦田大地艺术展"邀请众多艺术家创作多种类型的艺术作品:大地艺术、麦秆雕塑、装置、绘画、涂鸦等,让高雅艺术与广袤的麦田融为一体,让学院艺术与田园生活互为映衬,以在地性乡村元素为依托,丰富了乡村与大地的文化场域。 第三部分"合作艺术展"以艺术青年的艺术作品为主。 他们以艺术社会学为方法逻辑,在田野调查中发现问题、分析问题、解决问题,以艺术与乡村的合作协商为纽带,在社会与历史的现场以物质为对象,以多重的意指转换,展现个体的细腻与内心的真实,在乡村家庭故事的艺术化叙述中开启创意实践。 第四部分"粮食计划"将麦秆作为大地艺术创作的基本材料,这些麦子经过艺术家的创作,与精神"食粮"的理念遥相呼应,成为某种理想的艺术"产物",并在艺术与经济的有效结合及良性循环中不断升华精神"食粮"的能指,将农业经济、乡村文化、

---

①李彬.鄠邑,忙吧!——乡村振兴,既要生活富裕更要精神富足[J].当代陕西,2023(19):36-41.

艺术体系之间的运作关系联结起来，创造出新的价值理念。很显然，"第一届关中忙罢艺术节"以传统与当代为某种显在线索，以区域民俗节庆的新内容、新精神、新能指为灌注，通过乡村文化的新谱系将整个乡村打造成一个合作艺术、社会艺术、大地艺术、塑形艺术的巨型呈现空间。①

图 5-3 光影下的艺术节图标

3. 社区艺术融入村民生活

蔡家坡村如今正经历着一场艺术革命，村落主路两旁的墙壁上不再是单调的砖瓦色，而是被一幅幅生动、多彩的墙体彩绘所覆盖。穿行在蔡家坡村的艺术长廊中，人们会被眼前的一幕幕所震撼。这些墙绘内容丰富，有的描绘了村民们辛勤劳作的场景，让人感受到农耕文化的厚重与朴实；有的则展示了地道的陕西方言，以文字的形式将乡音乡情传递给每一位游客。其中，一幅特别引人注目的墙绘上，一个老农手里提着一串葡萄，咧着嘴笑。这幅画以老村支书王岩的故事为创作灵感——王岩多年来带领村民们种植葡萄，通过学习科学种植技术及不懈的努力，使得葡萄产业在蔡家坡村蓬勃发展，如今已成为村民主要的致富产业之一。这幅墙绘不仅是对王岩个人贡献的赞扬，更是对全村人共

---

① 魏宛君.艺术助力乡村文化建设的创意思考[D].西安:西安音乐学院,2023.

同努力、共同奋斗的精神的肯定。社区艺术融入村民生活，让蔡家坡村焕发出新的生机与活力。这些墙绘不仅美化了村庄的环境，更成为连接村民情感与记忆的桥梁，以独特的艺术形式展现了村民们的生活和情感，让这片土地更加充满生机和活力。

图 5-4　陕西方言墙绘

"第五届关中忙罢艺术节"在栗峪口村、栗园坡村和蔡家坡村并行上演。以蔡家坡村为主，浓厚的乡土气息和鲜明的现代文明在秦岭脚下的这座村落中碰撞出了激烈的火花。这次艺术节社区艺术部分共有九个计划：蔡家坡"美好乡村"计划、下庄村艺术计划、栗园坡村艺术计划、栗峪口村艺术计划、石井沿山乡旅片区导视系统、"第五届关中忙罢艺术节"视觉形象系统设计、中国文联文艺研修院"2023铸梦计划·西安：艺术助力美丽乡村建设"、艺术院校乡村工作实践基地建设项目和栗峪口乡创孵化基地建设。从二月一直延续到十月，以艺术的力量带动产业、人才、生态、组织振兴，从而实现乡村的全面发展。

蔡家坡村主路右手边是"终南剧场"，露天而建，是"忙罢艺术节"社区艺术的主要表演场地，由一处废弃的砖窑改造而成，整体呈半圆结构，与背后秦岭山脉的连绵起伏交相映衬。此外，剧场对面麦田里专门设置了一面镜子，能够映照出剧场的阶梯。搭建于麦浪之中的"终南剧场"以艺术+自然+传统乡村浑然天成的融合，成为蔡家坡村特有的麦田露天文化场所。"麦田里听交响乐，家门口看艺术展"已成为蔡家坡村村民的新日常。以麦田为台，秦岭作幕，村民们在家门口就能看音乐会、戏曲、舞蹈，甚至是话剧。他们不仅是节目的观赏者，更是节目的参与者，村民们自编自导的节目登上了艺术节的舞台。以前他们会说"艺术在展览馆里，在电视上，在书中"。现在，他们会说"割麦，就是艺术"。很显然，艺术的力量在蔡家坡村已经悄然扎根，村民们也从"啥是艺术"的质朴追问，到逐渐接受，再到主动交流乃至共同参与创作。

图 5-5　"终南剧场"

"终南剧场"的前面是《大地之子》雕塑。他安静地趴在大地上，汲取着来自土地的养分，象征着人与自然天然的、不能割裂的关系。这个《大地之子》雕塑的原型为甘肃省酒泉市的《大地之子》。蔡家坡村的《大地之子》是酒泉市的《大地之子》雕塑的缩小版本，不同之处在于一个位于戈壁滩深处，另一个位于青青麦田旁边。戈壁滩周围都是荒漠，而荒漠又是生态很脆弱的地方，所以从一定意义上来说，这个雕塑就是用来警示人们要爱护赖以生存的环境，人类应该与自然和谐相处。而麦田是生产粮食、哺育人类的地方，所以伏在田地里的《大地之子》雕塑表达了人们对于土地的感激和眷恋之情。

艺术赋能下的蔡家坡村，青年创客、艺术村长、乡村振兴顾问们聚集在一起，合作与碰撞还在继续。"从一棵树、两棵树开始扎根在这里，最后变成了一整片树林"。来到这里的人们相信，艺术乡建的故事将继续下去，人们还将在这片土地上创造不一样的精彩。

四、结　语

"忙罢"这个从明清时期就开始的古老习俗，在秦岭脚下重新焕发出光彩，城市与农村、乡土传统与现代文明、新兴产业与传统农耕，这一对对看似矛盾却又内在契合的概念在这片土地上一次次地碰撞、交融，产生了奇妙的反应。党的二十大报告提出，全面建设社会主义现代化国家，最艰巨最繁重的任务还在农村。以蔡家坡村的"关中忙罢艺术节"为例，艺术家陆续下沉到乡村基层，开始以"艺术"之名破题新时代的乡村建设。在"文化乡建"的助力下，蔡家坡村发展起了文旅新业态，解决了空心化、老龄化严重的问题，同时也充实了村民的精神和文化生活，让村民们不仅能更好地理解艺术，而且亲身参与到艺术创作中，为他们的生活增添了色彩。

城市让乡村更美好，乡村让城市更向往。城市的快节奏和高压力让越来越多人想要到乡村寻找平静，秦岭脚下的蔡家坡村便成为诗意栖居的目的地，看得见山，望得见水，闻得见咖啡香。

第六章 "终南剧场"：公共展演的艺术实践与乡村文化的碰撞

在关中地区的传统风俗里，农忙之后通常会举办一些活动，以各种各样不同形式的娱乐方式来庆丰收、娱农闲。尤其是每年夏忙之后、秋收之前，会举办一个"会"，关中方言称其为"忙罢"。在"忙罢会"上，人们常以戏剧、电影等形式来助兴。蔡家坡村举办的"关中忙罢艺术节"是由中央美术学院、清华大学美术学院、西安美术学院等相关艺术院校的师生，以及当地政府与本地村民共同举办的，以关中"忙罢会"传统为核心的创新性艺术实践活动。艺术节以终南山为背景，以蔡家坡村为核心，在广阔的田野上创作出大地艺术、雕塑艺术、装置艺术、墙绘艺术、参与式艺术、社会性艺术等多种类型的艺术作品，让艺术现场和乡村环境融为一体。

一、"关中忙罢艺术节"中的"终南戏剧节"

"终南戏剧节"是"第二届关中忙罢艺术节"新设的板块。"关中艺术合作社"在田地中搭设了舞台，建设了一座乡村剧场。这座以终南山为背景，以麦田为舞台的剧场，完美呈现了艺术+自然+乡村的融合式文化场域。在这座剧场里先后举办了"麦田戏剧之夜""麦田交响之夜""麦田秦声之夜""麦田守望之夜"及"第二届关中忙罢艺术节"庆典晚会，以及本村自发组织的一场接地气的"蔡家坡村文艺之夜"。"终南戏剧节"极力提倡本土特色，发扬民间的优秀传统，展现本地区的先锋戏剧实验，并以户外现场音乐会与戏剧节的形式，实现艺术与大自然及艺术与乡村生活的完美结合。

"第三届关中忙罢艺术节"开设有"终南戏剧节""大地生态艺术节""乡村社区艺术节"三大板块，共二十八个主题。"终南戏剧节"板块又分为两个主题：一是"终南乐夜"，古典与红色并存；二是"终南秋收戏曲之夜+村镇文艺会演之夜"，强调职业与草根同乐。戏剧节在"终南乐夜"主题之下，开展了6场不同题材和形式的音乐活动，其中包括经典歌剧《白毛女》、原创音乐剧《战火青春》、民族管弦乐音乐会《戏彩长安》《唱支山歌给党听》红色经典作品音乐会、《颂歌献给党》女声合唱音乐会以及《夏日轻歌》演唱会。这一系列音乐、戏剧作品以鲜明的主题、耳熟能详的内容与形式涵盖多个领域，兼具艺术性和大众性。

"第四届关中忙罢艺术节"包括"终南戏剧节""终南生态艺术项目""乡村社区艺术项目"三大板块。此次"终南戏剧节"共包括四场活动：一是为继承和发扬《在延安文艺座谈会上的讲话》精神，回应艺术价值向社会转向的基本趋势，举办了"第四届关中忙罢艺术节开幕暨延安文艺座谈会80周年纪念晚会"；二是由"中华戏曲第一剧社"领军百年"易俗社"献上"秦岭·秦人·秦腔——秦声易韵·古调独弹：西安易俗社专场晚会"，秦声琴韵，唱出了三秦儿女的铮铮铁骨；三是演出两场荒诞喜剧——《思奔》和《Hi，米克！》；四是为推动"诗画鄠邑，品质新区"高质量发展，鄠邑区区委、区政府举办了首届"终南诗赋"朗诵活动。

2023年7月8日，"第五届关中忙罢艺术节"在西安市鄠邑区蔡家坡村拉开序幕。艺术节活动分设"终南戏剧节""大地生态艺术节""社区艺术计划"与"中国农民画双年展"四大板块。此次"终南戏剧节"联合"第十二届西安戏剧节"共同举办，强强联合，呈现了多场高水平的话剧、先锋戏剧、现代舞、戏剧巡游、电子音乐专场等。

"终南戏剧节"是"关中忙罢艺术节"的常设板块。终南山脚下的"终南剧场"上演了多种主题、多样美感、多方合作的戏剧，构建了艺术与乡村沟通的桥梁。在"终南剧场"，麦田之上、苍穹之下这一自然环境的映衬下，天、地、人三位一体，达到了一种互相呼应、天人合一的艺术境界。

二、大地舞台的艺术实践

"终南戏剧节"是"第二届关中忙罢艺术节"举办时新设的板块。在开设伊始，它就提倡以本土为特色，不断继承和发扬民间的优秀文化传统，展现本地的戏剧及戏剧实验。在戏剧艺术的呈现方式上，主要以户外现场音乐会与戏剧节的形式实现艺术与大自然，艺术与乡村生活的完美结合。

1. 本土文化的在地性演绎

在漫长的历史发展过程中，形成了关中地区独特的地域文化特征。周代以来，关中地区就被称为"秦"；秦人遵守的民俗礼仪叫"秦风"，生息繁衍的地方叫"秦川"，敬畏仰望的山脉叫"秦岭"，祖辈相传的戏剧是"秦腔"。大秦腔声声豪放，柔情断肠，人生的舞台粉墨登场，生旦净丑都是老百姓的形象。秦腔是一代又一代"秦人"的写照。它伴随着秦人穿越岁月沧桑，被世世代代传承了下来。在"终南戏剧节"上，秦腔自然是必不可少的，无论是牙牙学语的孩子，还是耄耋老人，都在这场秦腔盛宴中"舒筋活血"，在"是非曲直自有公断，善有善报、恶有恶报"的文化共同体中得到共鸣。2019年6月10日，"麦田秦声之夜"在西安市鄠邑区石井街道蔡家坡村正式开幕。鄠邑区人民剧团演出了《斩单童》《杀狗劝妻》《打镇台》等精彩节目。

图 6-1　蔡家坡村秦腔演出图①

《斩单童》是秦腔经典传统折子戏，只有一个场景，由秦腔名家庞刚虎（饰单童）演绎，慷慨激昂至极。故事讲的是隋末唐初洛阳一役，李世民打败了王世充，擒获单童。劝降不果后，李世民和原瓦岗寨众弟兄在法场向单童祭酒，却被单童骂得掩面遮羞的故事。《斩单童》之精彩便是单童骂人的段子。从这些骂词既可感受历史和人生百态，又可窥探根植于我们内心的文化传统。山春元（饰曹庄）、寇小莉（饰焦氏）、杨银芳（饰曹庄母）三位秦腔演员共同演绎的《杀狗劝妻》，表演通俗易懂，生动精彩。戏剧节还上演了秦腔经典传统剧目《打镇台》。《打镇台》是秦腔传统剧目《秋江月》中的一折。故事讲述了明神宗时，八台总镇李庆若之子调戏民女，被户部尚书文庆激于义愤而打死的故事。折子戏表演得酣畅淋漓，演到高兴处，台下的观众们都拍手叫绝，直呼过瘾。此次"麦田秦声之夜"以本地独特的秦腔戏为主，深受广大村民的喜爱。附近村落的村民也都闻讯赶来，现场熙熙攘攘，人流如潮，盛况空前。

2021年，"第三届关中忙罢艺术节"在蔡家坡村的"终南剧场"隆重开幕。

---

① 陕西实验艺术. 2019 第二届关中忙罢艺术节[EB/OL].（2020-06-11）[2024-12-18] https://mp.weixin.qq.com/s/RzMzF92y2z9VdcsNkiWr0g.

第六章 "终南剧场"：公共展演的艺术实践与乡村文化的碰撞　　119

这场音乐盛会由西安美术学院、西安音乐学院、西安市文化和旅游局及鄠邑区委、区政府共同主办。西安音乐学院为艺术节带来了民族管弦乐音乐会《戏彩长安》的专场演出。音乐走入乡村，艺术融入麦田，奏响了乡村振兴的鄠邑乐章。

陕西是戏曲大省，秦腔、眉户、碗碗腔等不仅承载着对古老板腔体戏曲样态的现代传承，同时也孕育了陕西民族器乐创作的独特的秦风秦韵《戏彩长安》。它以秦腔、眉户、碗碗腔等传统戏曲音乐主题为创作元素，并邀请陕西省戏曲研究院、大荔县剧团、富平县阿宫腔剧团、乾县弦板腔剧团、合阳县线腔木偶剧团等院团的艺术家与西安音乐学院的师生们共同演绎原创民族管弦乐作品。①

图6-2　蔡家坡村《戏彩长安》演出图②

整场音乐会在浓郁的秦风新韵和热烈的掌声中落下帷幕，让观众们跟随音乐的脉络，感受盛世的恣意坦荡，长安的开放繁荣。这场音乐会将陕西地方戏曲

---

①西安音乐学院.戏彩长安——陕西地方戏曲音乐主题音乐会[EB/OL].（2023-12-21）[2024-12-18] https://myx.xacom.edu.cn/2023/1221/c1518a92656/page.htm.
②西安美术学院跨媒体艺术系.2021·第三届关中忙罢艺术节|麦田艺术展暨终南戏剧节开幕[EB/OL].（2021-06-07）[2024-12-18]https://mp.weixin.qq.com/s/ii-9Q6B_mDUGdX26gFcJvw.

音乐元素与民族管弦乐团完美结合，将传统与现代的创作和演奏技法完美融合，彰显了新世纪陕西民族音乐与时俱进的特色。在项目规划与实施的过程中，陕西地方戏曲音乐主题音乐创作与表演项目负责人、西安音乐学院民乐系主任、著名二胡演奏家呼延梅文与担任此项目音乐创作总监的著名作曲家韩兰魁一致认为，创作上要力求与时代同步伐、以人民为中心、以精品奉献人民、用明德引领风尚。

音乐会不仅是当代音乐家用艺术对乡村振兴的现代诠释，更承载着陕西本土作曲家对"秦风秦韵"这一独特文化符号的坚持与守望，让现场的村民们也能与高雅的艺术同呼吸，一起陶醉在优美的旋律当中，享受现代艺术与传统乡村交融的奇妙夜晚。

2. 古韵长安与红色西安

从前的长安也是今天的西安，这方土地曾是辉煌盛世的土地，也是革命先烈洒过热血的土地。1942年，中共中央在延安市杨家岭召集文艺工作者举行座谈会，史称"延安文艺座谈会"。毛泽东在会上指出："求得革命文艺的正确发展，求得革命文艺对其他革命工作更好的协助，借以打倒我们民族的敌人，完成民族解放的任务。"[1]毛泽东在最后一天的结论中，从马克思主义理论出发，系统回答了文艺运动中有争论的问题，强调党的文艺工作者必须从根本上解决立场、态度问题，阐明革命文艺为人民群众，首先是为工农兵服务的根本方向。此次会议对于文艺界的整风运动起到了积极的推动作用，也促进了各抗日根据地文艺运动的发展。

2022年是延安文艺座谈会召开80周年。在"第四届关中忙罢艺术节"的"终南戏剧节"板块中，为继承和发扬延安文艺座谈会讲话精神，回应艺术价值向社会转向的基本趋势，举办了"第四届关中忙罢艺术节暨延安文艺座谈会80周年纪念晚会"。晚会上，一场场精彩的演出带领观众们再次回顾了延安时期的

---

[1] 毛泽东.毛泽东选集(第3卷)[M].北京:人民出版社1991:847.

文艺繁荣和革命精神，展示了中国共产党在艰苦环境中创造的文化奇迹。整个晚会以纪念延安文艺座谈会 80 周年为主题，通过舞蹈、音乐、戏剧等多种艺术形式，生动地再现了当时的情景和氛围。首先，通过一段精彩的开幕舞蹈，展示了延安时期艺术家们积极向上、团结奋斗的精神风貌。舞蹈中穿插了许多延安时期的经典歌曲，让观众仿佛回到了那个激情澎湃的年代。接着，晚会呈现了一系列表演，包括戏剧、相声、歌舞等。这些节目以延安精神为核心，展现了当时艺术家们的努力和奉献。不论是戏剧《红色娘子军》中女性主义的呼声，还是相声表演中对生活困境的幽默描绘，都反映了延安时期文艺界对社会现实的关注和批判。此外，晚会还请来了一些资深艺术家和学者，通过座谈会的形式，探讨延安文艺座谈会的历史意义和影响。他们分享了自己亲身经历的感人故事，传递了延安时期的精神力量。这部分内容不仅增加了晚会的学术性和深度，也让观众更好地理解延安时期的艺术氛围。

图 6-3 "第四届关中忙罢艺术节"暨延安文艺座谈会
80 周年纪念晚会演出图①

---

①GZAC.2022·第四届关中忙罢艺术节开幕暨延安文艺座谈会 80 周年纪念晚会[EB/OL]．(2022-05-25)[2024-12-18]https://mp.weixin.qq.com/s/5B4Opet6JhhEDC0pr0Y_-Q．

整个晚会的节目设计紧凑有序，每一个环节都展示了延安时期的艺术成就和文化价值。场景布置、服装道具等方面的细节处理也非常精致，营造出了浓厚的历史氛围。演员们的表演充满了激情和真诚，让观众能够真切地感受到那个时代的情感和决心。本次纪念晚会通过丰富多样的表演形式，再现了延安时期的文化繁荣和革命精神，不仅展示了延安时期艺术家们的创造力和奉献精神，也向观众展示了中国共产党在文化领域的伟大成就，向观众传达出"珍惜和继承延安时期的艺术传统，为实现中华民族伟大复兴而不懈努力"的美好愿景。

土地和农民是一个国家最根本的命脉。无论是 80 年前的延安文艺座谈会，还是今天的延安文艺纪念晚会，都传达出了一种理念：追求艺术，讲究文化，并非拿一些庙堂的东西做宣传，而是真真切切地回归现实，为广大农民、广大人民群众服务，文艺工作者也是心灵工作者。

3. 新潮艺术与文化唤醒乡村

未来的中国社会应该为广大农民提供更加丰富充足的文化精神享受。在 2023 年的"终南戏剧节"上，先锋戏剧、环境肢体戏剧、自然身体剧场等都走入了乡村。众多作品通过独特的艺术形式和内容，为山清水秀的蔡家坡村画上了浓墨重彩的一笔。先锋戏剧作品《绝对飞行机》的编剧由日本小剧场之父佐藤信操刀，那边实验剧团发起人程文明执导。剧本灵感来自佐藤信先生在"911"事件之后对于世界的思考，历经 10 年走访、调查，反复修改而成。主创团队致力于探索当代剧场的多种表现方式，以身体为媒介，以剧场为舞台，在不同场景中与观众对话。本剧于世界各地进行了 7 年演出，前后参与了南锣鼓巷戏剧节、深圳当代戏剧双年展以及国外众多戏剧艺术节。先锋戏剧的表现形式强调多元、包容、实验性，那边实验剧团也欢迎大家在观演后多多与他们交流。整场节目通过突破传统剧场的表达方式和叙事结构，创造了全新的戏剧体验，以非线性的结构，通过场景、音响和舞蹈等元素，展现了一个现实与幻想交织的世界。观众可以感受到戏剧中独特的张力和冲击力,引发他们对生活和社会的思考。

图 6-4 蔡家坡村"终南剧场"《绝对飞行机》演出图①

先锋戏剧《无舟》由五个不同的篇章组成:《对岸的人》《住舟的人》《没有出生过的孩子们》《水的符号》《花朵降下》。演出当日天色已晚,漆黑的夜空伴着点点星光,剧场左侧的灯下,只有一张桌子、一把椅子、一个人,右边的四名演员坐在凳子上。剧场左右作为分离的两岸,泾渭分明,右边的人隐藏在对岸,眼睁睁地看着左岸的人建立都市文明。他们怕左岸的文明侵入右岸,于是这条大河再也"无舟"了。整个节目通过独特的舞台布景和影像效果,将观众带入一个幽静而神秘的乡村世界。舞台上几乎没有对白,而是依靠肢体动作和视觉效果,传达出对人类存在和命运的深刻思考。这种先锋戏剧的表达方式不仅让观众领略到艺术的创新与突破,也让他们对乡村生活和文化有了全新的理解。

《大山的孩子都在跳舞》通过音乐和声音的表达,将观众带入一个充满乡土气息和人情味的世界。在 90 分钟声光电的交织中,人们晃晕了身体,梦幻的旋

---

①GZAC.活动回顾|第五届关中忙罢艺术节|终南戏剧节[EB/OL].(2023-10-16)[2024-12-18]https://mp.weixin.qq.com/s/IBys7V-y6rqLnpBXQu6_3w.

律放空了一周的疲惫,"幻象""浓烟""尘梦"在"终南剧场"碰撞,时光在此倾斜了。空间里充满摇摆的人们,通向充满电子音乐的乌托邦。这部作品以大山为背景,讲述了一群孩子通过舞蹈来表达自己的梦想和追求的故事。音乐、歌曲和自然声音的结合,让观众感受到大山的魅力和乡村生活的美好。同时也用文化与艺术的形式在大山的孩子们心中种下了梦想的种子。通过创新的表达方式和内容,赋予了乡村生活和文化新的意义和内涵。通过欣赏这些作品,观众们不仅能够深入了解乡村社会的多样性和艺术的力量,也能够重新认识和关注乡村的价值和挑战。有了艺术的加持,乡村成为一个充满创造力和可能性的地方,拥有了新的生机与活力。创新观念既反哺了基层与乡村,也反哺了平凡而伟大的中国农民。

4.在乡野之间与天地共舞

"终南剧场"的舞台位于终南山脚下的麦田边,演出时演员们背靠终南山,脚踏土地,在乡野之间与天地融为一体,颇具人与自然和谐共生之意。

从表演创作的角度出发,由于独特的舞台位置,表演者在创作中可以考虑到更多的自然环境因素,与自然融为一体,形成"艺术—人—自然"合而为一的表演场域。例如,在"第五届关中忙罢艺术节"的"终南戏剧节"板块中,现代舞舞者马特、牛钰彤、徐心带来了自然身体剧目《云》。在演出中,三位舞者将身体化为云朵,与山脉的起伏不断交叠、对抗、嬉戏。舞者用不同的舞蹈动作,与山间的云朵交相辉映。这是只有在乡野田间才会有的艺术体验。可以设想,如果演出地点是在室内剧场,没有了天地、山峰、云朵等自然环境的衬托,那么这一表演便会显得单调而失了意境,其中的精髓便无法传达。在演出时,终南山、麦田、场地等自然环境已不再是表演的"背景板",而是整个演出的一个重要组成部分。此外,在艺术创作的过程中,以乡村为文化背景,也可结合重要的时间节点进行创作。如 2022 年是"延安文艺座谈会"召开 80 周年,"第四届关中忙罢艺术节"就专门举办了一场纪念晚会。晚会上,西安文理学院"秦韵"打击乐团演绎了《黄河之水天上来》,红歌联唱《唱支山歌给党听》;"西北鼓王"赵牧阳的《黄河谣》《东方红》等节目设置均与此次活动的主题相契合。

把舞台搭建在麦田之上,且与重要的时间节点相呼应,既体现出"终南戏剧节"浓浓的"在地性"色彩,也让艺术创作者在根植乡村汲取艺术养分的过程中,创作出体现乡土特色且高度升华的艺术杰作。这或许也是"终南戏剧节"作为"关中忙罢艺术节"常设板块的重要原因之一。

图 6-5　蔡家坡村"终南剧场"《云》演出图①

从演出本身来看,在乡野这样的开放性场域中,可以采取的表演形式也更加丰富。例如,2023 年的"终南戏剧节"进行了环境肢体戏剧的演出。作品《TWO》讲述了一个关于童年、陪伴的故事。大丁和小丁是一对很要好的朋友。他们一起犯傻犯错,一起度过了无忧无虑的童年,约定未来要永远陪伴彼此。直到有一天,小丁不得不搬离这个地方,需要去新的地方生活。他决定和大丁进行最后的道别……简单的故事情节通过演员的肢体呈现出来,不需要过多的修饰便可以引起观众的共鸣。在表演过程中,大丁、小丁手中的气球受到了孩子们的喜爱,孩子们在剧场里与大丁、小丁拥抱,也让演出的故事完成了闭

---

①GZAC. 活动回顾|第五届关中忙罢艺术节|终南戏剧节[EB/OL]. (2023-10-16) [2024-12-18] https://mp.weixin.qq.com/s/IBys7V-y6rqLnpBXQu6_3w.

环。故事里的大丁、小丁在童年互相陪伴，最后不得不分别，而一群依然处于童年的孩子送上了拥抱。孩子们拥抱的是表演者，更是故事中的大丁、小丁，这升华了整个戏剧的艺术性。正是在这样独特的演出场域中才呈现出这样的戏剧效果。在山野间，在麦田边，观众是演出的观看者，亦是故事的参与者。自然风光给人们带来了更直观的沉浸式体验，也给表演者的艺术创作带来了更多新可能。

图 6-6 蔡家坡村《TWO》演出图①

环境肢体戏剧《赤虎》则是另一个故事类型。"当所有人都困在一个看不见希望的洞穴中时，洞穴便成为一个独立的新世界。"《赤虎》的故事源自刻在宋代石碑上的古老故事，以"混沌"为核心进行内容创作。赤虎的形象写意、朦胧且灵活，与虎相对应的是和她有着异体同运的红衣女孩神虎，也是虎在人间的象征。当虎苏醒成为女孩之际，结局已定，那份祝福属于每一个守拙并善良的人。在终南山下伴着夕阳，整场表演传达着一个传统的中式寓言：善恶终有报，结果终有因。看似写意的抽象表演艺术，最终传递的观念是通俗易懂的，

---

①GZAC.活动回顾|第五届关中忙罢艺术节|终南戏剧节[EB/OL].（2023-10-16）[2024-12-18]https://mp.weixin.qq.com/s/IBys7V-y6rqLnpBXQu6_3w.

第六章 "终南剧场"：公共展演的艺术实践与乡村文化的碰撞　　127

这也是表演者在演出时的考量。过于高雅难懂的艺术融入乡村，会显得高高在上，不接地气。而将抽象的艺术形式与通俗易懂的内涵结合起来，正是"艺术+乡村"的最好体现。

图 6-7　蔡家坡村《赤虎》演出图①

从整个演出空间看，开阔的视野丰富了人们的视觉体验。如"第五届关中忙罢艺术节"的"终南戏剧节"板块中，"法兰克福头盔"乐队呈现了电子音乐秀。机械的节奏、电子合成乐与乡村中的自然之音相结合，舞台背后的大屏上满是科技感的光束，而大屏后的终南山又映出了夕阳的余晖，天边偶尔还划过几架飞机，这样的盛况大概是"终南剧场"的魅力所在。最令人意外的是，在乐队演出的过程中，后面有火箭发射。这令人惊奇的际遇让这场演出变得更加不凡，同时，也是这个演出空间所能带来的独一无二的体验。在户外的乡野间，电子音乐可能会伴随着鸟儿的哼唱，欢快的鼓点偶尔也有飞机的轰鸣声作伴，再加上出现火箭发射升空这种难遇的"意外之喜"，共同构成了整个演出空间的艺术场域。这种先进新潮的文化与乡村文化的碰撞，正是"终南戏剧节"所要呈

---

① GZAC. 活动回顾｜第五届关中忙罢艺术节｜终南戏剧节［EB/OL］.（2023-10-16）［2024-12-18］https://mp.weixin.qq.com/s/IBys7V-y6rqLnpBXQu6_3w.

现的，也是"关中忙罢艺术节"的出发点和落脚点。

综上所述，"终南戏剧节"将舞台设置在乡野之间，构成了"艺术+自然"的演出场域，给了表演者更多的创作空间。一方面可以结合舞台所处的自然环境，在终南山下，在田野之间与天地共舞；另一方面，也可以抓住重要的时间节点，结合乡村文化，进行活动主题的升华。同时，表演形式也在这样开放的场域中变得更加多样，先锋戏剧、环境肢体戏剧、户外 LIVE 等多种形式都在不断丰富着观众的体验，带来"沉浸式"的戏剧效果。最后，乡野之间的舞台让演出的过程充满着"不确定性"，演出的音乐与自然空间的环境声融为一体，更能展现出"在乡野间起舞"的魅力。

5. 麦田之上看人与自然

艺术需要在田野空间中去感受。在乡野之间、麦田之上观看"终南戏剧节"的演出，或许是艺术融入乡村最恰当的体现。"终南剧场"的观众席是由砖头搭砌的，体现出原生态。观众席呈半圆弧状包围着舞台。坐在观众席上，放眼望去，观众可以看到远处的终南山、终南山边的麦田、麦田旁的舞台、舞台上演员的艺术演绎，将艺术演出与自然风光融合起来尽收眼底，这也是"终南戏剧节"的独特之处。

一方面，观众是演出的观看者，同时在一些互动艺术中，观众又可以成为参与者融入其中。例如，在"第五届关中忙罢艺术节"的"终南戏剧节"板块中，有一个戏剧巡游板块，节目《KELLY》以

图 6-8 蔡家坡村"终南剧场"观众席

第六章 "终南剧场"：公共展演的艺术实践与乡村文化的碰撞　129

一种玩偶巡游的形式进行。"平行世界里有和你一样的人，但它过着与你并不相同的人生。"2023年10月14日到10月15日，KELLY来到终南山下，在8号公路开启了她的冒险之旅。 KELLY喜欢冒险却总是独自在家，被朋友们当成异类。 玩偶鸭本是爸爸送给KELLY的生日礼物。 KELLY把玩偶鸭当成了自己的朋友。 一觉醒来，玩偶鸭变成了一只会动的鸭子，它和KELLY做同样的动作，有同样的爱好。 此时迎面走来一只呆头呆脑的小黄鸭，加入这个小团体，KELLY如愿拥有了自己的玩伴，开启了在玩偶世界的冒险旅程。 这样一个充满童真童趣的故事在蔡家坡村上演。 演员们不再局限于"终南剧场"内。 她们走出"终南剧场"，走进蔡家坡村，走入8号公路，这样的艺术形式无疑会吸引观众的关注。 再加上玩偶的卡通化、故事的童趣性，收获了孩子们的喜爱。 与《TWO》不同，《KELLY》采取一种巡游的形式，孩子们与玩偶们一起玩闹，也成为这个节目的一部分。 这不仅仅是一个节目，更是一种行为艺术。 孩子往往是单纯善良的象征，原本生活在乡村的孩子们，可以在参与戏剧巡游的过程中感受

图6-9　蔡家坡村《KELLY》演出图①

---

①GZAC.活动回顾|第五届关中忙罢艺术节|终南戏剧节[EB/OL].（2023-10-16）[2024-12-18]https://mp.weixin.qq.com/s/IBys7V-y6rqLnpBXQu6_3w.

乐趣；而生活在城市的孩子们来到乡村，参与戏剧巡游，也会被可爱的玩偶所吸引，从而进一步感受乡村的魅力。这也是艺术走进乡村的目的所在。

另一方面，传统的演绎形式同样可以与观众进行互动，使观众在观看的过程中更有代入感，营造更热烈的演出氛围。例如，"第五届关中忙罢艺术节"的"终南戏剧节"板块的电子音乐专场，主题为《大山的孩子都在跳舞》。电子音乐人邵彦棚在开场前，说道："哎，这不是叫大山里的孩子在跳舞嘛，咋没娃跳舞嘞？"随即，他让观众参与其中，热起了场子。这样一句带有乡土气息的话语，与乡野田间的演出地相契合，也与村民的心更贴近，这或许是麦田边最合适的热场话语。在90分钟的电子音乐演绎中，观众们跟随音乐的节奏舞动着自己的身体，沉浸在电子音乐的乌托邦中。对于乡村来说，这样的电子音乐或许是一种难懂的"外来文化"，但是音乐有时会比语言更能拉近人与人之间的距离。那晚的蔡家坡村融入电子音乐的新潮文化当中，人们在欢快的旋律中沟通交流，孩子们也活泼地跳动，契合了"大山的孩子都在跳舞"这一主题，也更加体现了新潮文化走进乡村、融入乡村的内涵。

图 6-10 蔡家坡村《大山的孩子都在跳舞》演出图①

---

①GZAC. 活动回顾|第五届关中忙罢艺术节|终南戏剧节[EB/OL]. (2023-10-16) [2024-12-18] https://mp.weixin.qq.com/s/IBys7V-y6rqLnpBXQu6_3w.

此外，蔡家坡村及附近村庄的村民是这些演出的主要观众，而他们同样也可以作为表演者进行演出，在自己熟悉的乡间田野，展现自己的本土文化，这也是乡村文化传承的重要途径。早在2018年的"第一届关中忙罢艺术节"中，表演部分便融入了村民文艺会演。当地村民自编自演的小品《百善孝为先》，是本土乡村文化在艺术节上的展现。此后的每次"终南戏剧节"，都会出现本土乡村文化的影子。村民们从观众转变为舞台上的表演者，在天地之间、终南山下、麦田之上，自信骄傲地展现属于自己的本土文化。这样的文化配合着自然景象，不仅是人与自然和谐共生的体现，也是让更多人了解乡村文化的有力渠道。

综上所述，"终南戏剧节"的观众扮演着多重角色。一方面，坐在富有原生态气息的观众席上，看着表演者与背后的自然风光融为一体，感受艺术与自然的魅力。另一方面，在互动性强的剧目中，观众可以直接成为艺术的一部分，与表演者的互动都可以成为故事的一部分。当然，在传统演绎方式中，观众亦可以在表演者的带动下进行互动，融入热烈的演出氛围。此外，一些村民也会转变为舞台上的表演者，展现本土乡村文化，传承乡村文明，这也是艺术进乡村的美好呈现。在麦田之上、乡野之间，"终南戏剧节"的观众切换不同的角色，感受着"艺术+自然+乡村"的魅力。这种新潮文化与乡村文化的交流碰撞，是"关中忙罢艺术节"戏剧艺术板块最珍贵的财富，也是其能一直延续下来的动力。

三、艺术与自然交融的展演空间

"终南戏剧节"是"关中忙罢艺术节"的常设板块。其中"终南剧场"作为演出的主要场地，以别具一格的设计，成为"终南戏剧节"的一大亮点。"终南剧场"是一个砖砌的简易户外半弧形剧场，由废弃的土壤改造而成。其独特之处在于被绿树环抱、麦田环绕，因而得名"麦田剧场"。这一剧场背靠终南山，坐落在金黄的麦浪之中，通过独特的设计和地理环境，成功地将自然、艺术和乡村融合在一起。

1. 自然与剧场的完美结合

"终南剧场"坐落于终南山脚下，这里是大自然的歌舞厅，每场演出都像是在大自然的画布上描绘一幅精致的画面。独特的演出场地为观众呈现了一场自然与戏剧的结合。观众在艺术表演中可以同时感受到大自然的恢宏和戏剧的情感冲击，两者相得益彰。剧场后面是一片辽阔的麦田，从舞台上俯瞰，麦浪随风起伏，犹如一片金色的海洋。整个剧场浮在麦浪之上，仿佛一座艺术的岛屿。麦田的尽头是雄伟的秦岭山脉，为整个剧场提供了壮丽的背景。这种大自然的背景赋予了演出场地独特的氛围，使观众在欣赏戏剧的同时，沉浸于自然之美中，感受艺术与大自然的和谐共生。

"终南剧场"所采用的建筑设计并非传统的舞台式剧场，其独到之处在于充分融入了周围的自然环境，将艺术空间与大自然巧妙结合。这一建筑理念呈现出一种与众不同的舞台美学，摒弃了传统剧场的封闭性，取而代之的是与麦浪、山川相融合的开放式设计，通过天然的景观元素为演出注入生机。传统的舞台往往是一个局限于四壁的封闭空间，而"终南剧场"的设计突破了这种空间的狭隘局限，与周围的自然环境相互融合，与麦浪翻滚、山川起伏相互呼应。这一独特的设计使得观众在欣赏演出的过程中能够沉浸在自然的氛围之中，不仅在视觉上带来新鲜感，更在审美上打破了传统舞台的束缚，将观赏演出提升到了更为丰富、深刻的层次。

2. 自然与表演的完美结合

"终南剧场"的自然环境与艺术表演也形成了一种完美的融合，使观众在观赏演出的同时，仿佛融入了大自然的怀抱。这就使得任何艺术与自然的观赏都具有显著的"终南戏剧节"特点。

一是艺术展演是随季节变化的视觉盛宴。由于户外剧场的独特性，"终南剧场"能够随着季节的变化展现出不同的面貌。春季，翠绿的麦田与花朵交相辉映；夏季，金黄的麦穗在阳光下摇曳生姿；秋季，则是一片五彩斑斓的收获场景；冬季，白雪覆盖整个剧场，营造出一片银装素裹的冬日景象。这种季节变化的视觉盛宴为观众提供了与演出相辅相成的自然背景，使观赏演出成为一场多感官的享受。观众在剧场中不仅仅能欣赏舞台上的演出，同时也沉浸在四季更替的自然之美中。春日的清新、夏日的热烈、秋日的丰收、冬日的宁静，每个季节都为观众带来独特的感受。正是这种季节变迁的视觉盛宴，赋予了"终南剧场"独特的魅力和生命力。观众不仅仅是注视舞台，而是与自然共同编织着一幅幅美丽的画卷。这也反映了剧场不仅仅是演出的场所，更是一个融合了自然、文化和艺术的综合体验空间。

二是艺术展演的自然音效与表演形成互动。在"终南剧场"里，自然也成为演出的一部分。"麦田交响之夜"是全国首次在麦田上呈现的交响乐演奏，麦浪的沙沙声、风吹过麦田的悠扬旋律，为演出注入了生机。演员与自然声音的交融使得表演更具有真实感与情感共鸣，观众仿佛被带入了一个与自然对话的艺术空间。这样的设计不仅为观众提供了视觉享受，更使得听觉感官得到了极大的满足，使整个演出更加生动而富有层次。

三是艺术展演与观众参与形成互动。在这个剧场中，观众与自然、观众与演出之间形成了更为紧密的联系。观众可以在欣赏表演的同时与周围的自然环境互动。演出间隙，观众可以漫步在金黄的麦浪中，感受麦浪拂过，倾听大自然的声音，感受乡村生活的宁静与美好。这种与自然亲密接触的体验赋予了整场演出更为生动的层次，使整个演出成为一场身临其境的体验。这个独特的剧场为观众提供了一次双重享受的机会，观众既可以欣赏到高水平的先锋戏剧、话剧和现代舞等多样化的演出，充分满足了对艺术的审美追求，又能感受到自然的魅力，实现了艺术与自然的深度交融。

四是艺术展演与乡村文化互为呈现。"终南剧场"不仅仅是艺术与自然的交融，更是一个让观众近距离接触乡村文化的平台。在这里，观众可以感受到乡村生活的淳朴，体验到农耕文化的魅力。舞台搭建在麦田之间，仿佛将观众带入了一幅诗意而宁静的乡村画卷。通过细致入微的舞台设计、乡村元素的巧妙运用，剧场成功地传递了乡村文化的价值观念。观众在这个空间中既能够欣赏到高水平的艺术表演，又能够感受到乡村文化的独特魅力，使得艺术与自然、艺术与乡村生活在这里得以完美融合。"终南剧场"的独特之处还在于其与乡村社群的紧密联系。剧场不仅是演出的场地，更是当地居民参与文化活动的平台。当地的传统乐器、民俗表演等文化元素都能在这个充满活力的剧场中得以展现。这种社群参与不仅增强了剧场的文化底蕴，也使得演出更具地方特色与人情味。通过与当地社区的紧密合作，剧场成为一个文化交流的媒介，使乡村的文化资源能够得到更好的发扬。这样的社群参与模式既推动了当地文化的传承和创新，也为乡村社区注入了更为丰富的文化活力。

五是艺术展演与乡村社区共建。"终南剧场"对乡村社区也有着重要的意义。首先，该剧场为乡村注入了浓厚的文化认同感，催生了一种深厚的地方身份认同。这种文化认同感不仅在本土居民中蔓延，更使村民对自身的文化传统充满自豪感。"终南剧场"不仅仅是一个演艺场所，更是连接乡村与传统文化的纽带，使得村落居民能够更积极地参与、传承和展示当地独特的文化底蕴。其次，通过开展公共展演，"终南剧场"成为吸引外部游客的重要因素，为乡村经济带来了崭新的机遇。公共展演的吸引力不仅仅局限于当地居民，更为周边地区和游客提供了欣赏精彩文艺表演的机会。这种文化交流的开放性不仅丰富了乡村的文化氛围，同时也吸引了更广泛的观众群体，推动了乡村文化的发展。"终南剧场"通过多样的演出项目，成为一个文化盛宴的聚集地，使得乡村的吸引力不再局限于自然风光，还包括独特的文化体验。在这一过程中，"终南剧场"所吸引的外部游客不仅促进了文化交流，更为乡村经济注入了新的生机。外来游客的涌入不仅推动了当地服务业的发展，同时也为乡村的特色产品提供了更广泛的市场。这种文化旅游的发展助力了乡村产业多元化，为乡村经济的可持续发展带来了新的契机。"终南剧场"不仅在本土乡村中树立了文化认同的标杆，同时也通过文艺演出成为吸引外部游客的文化枢纽，为乡村社区带来了文化、经济上的助力。这一互动的过程不仅加深了乡村居民对自身文化的认同感，更为乡村的可持续发展提供了全新的动力。

总的来说，"终南剧场"作为"终南戏剧节"的核心演出场地，不仅是观众欣赏戏剧的场所，更是一个文化的交汇点。在这里，自然、艺术以及乡村生活得以巧妙结合，呈现出一种独特而令人陶醉的文化体验。这个剧场也成为"关中忙罢艺术节"的一张独特的名片，以独特的自然环境、地理位置和建筑设计，为观众带来一场身临其境的艺术盛宴，同时为乡村文化的传承和发展做出了积极贡献。

四、结　语

"终南戏剧节"作为"关中忙罢艺术节"的核心部分，独具特色与创意，犹如一扇窗，让我们窥见这片土地上千年文明的繁衍与革命英烈的英勇。"终南剧场"坐落于终南山下，以自然之景为背景，展现了"天—地—人"的和谐统一。这里的戏剧内容不仅仅是表演，更是艺术、自然与乡村的完美结合。从先锋戏剧到环境肢体戏剧，再到自然身体剧场，它们与当地文化交融，为传统文化注入新的活力，同时也让新潮艺术在历史的土壤中生根发芽。"终南剧场"的搭建深深扎根于本土村民与文化之中，村民们在此表演，不仅增强了文化认同感，还巩固了邻里之间的情谊。与新潮艺术的结合更是推动了本土文化在新时代的创新与发展，实现了文化的相互学习与促进。对于外来游客而言，"终南剧场"不仅是一个欣赏艺术的地方，更是一个文化交流的平台。他们的到来不仅促进了不同文化之间的理解与认同，更为这片传统村落带来了转型与发展的机遇。农副产品的市场得以拓展，村里的服务业和各个产业也蓬勃发展，村民的生活生产积极性大大提高，乡村的可持续发展得以实现。

第七章 艺在田野:"关中忙罢艺术节"的装置艺术及其想象

广义上的"关中忙罢艺术节"所涉及的艺术空间包括位于秦岭脚下的蔡家坡村,以及栗峪口村、栗园坡村、下庄村等村落。这些村落联合中央美术学院、清华大学美术学院、西安美术学院、西安音乐学院等艺术院校,共同举办"关中忙罢艺术节",以文艺元素点缀乡村建设,盘活乡村优质资源,打造民宿、剧场、书屋、餐饮等多业态的文化场所及艺术化消费空间,让蔡家坡村从昔日贫困的小山村变成了全国闻名的艺术村落。本章以蔡家坡村的装置艺术为研究对象,探析其在"关中忙罢艺术节"所建构的艺术空间里的媒介意义及其相关问题。

一、作为特殊艺术实践的装置艺术

装置艺术也被称为"环境艺术",始于 20 世纪 60 年代。美国艺术批评家安东尼·强森解释道:"按照解构主义艺术家的观点,世界就是文本(text),装置艺术可以被看作是这种观念的完美宣示,但装置的意象,就连创作它的艺术家也无法完全把握,因此,'读者'能自由地根据自己的理解,进行解读……装置所创造的新奇的环境,引发观众的记忆,产生以记忆形式出现的经验,观众借助于自己的理解,又进一步强化这种经验。 其结果是,'文本'的写作,得到了观众的帮助。 就装置本身而言,它们仅仅是容器而已,它们能容纳任何'作者'和'读者'希望放入的内容。 因此,装置艺术可以作为最顺手的媒介,用来表达社会的、政治的或者个人的内容。"[1]由此可见,装置艺术是一种通过艺术手段创造出的具有独特魅力的视觉景观,也是吸引艺术创作者和观赏者共同参与艺术创作的艺术空间。 观众的介入和参与是装置艺术的重要特征,观众可以自主地对艺术装置进行开放性的符号解读。 就蔡家坡村"关中忙罢艺术节"的装置艺术实践本身而言,具有一定程度的特殊性,可视为一种特殊的艺术实践。

一是将当地的自然环境视为最直接的艺术材料,艺术与环境二者之间的"互为"关系明显。 环境不只是作为装置艺术的衬托,此处的蓝天白云、山川溪流、动植物等共同构成了装置艺术的重要材料。 这些材料经过艺术创作的高度凝练之后,也具有很强的艺术表现力与感染力。 与以往陈设于艺术场馆的装置艺术那种静止的私密性气质大为不同,蔡家坡村的装置艺术更多地转为拥抱自然环境,是主动与自然环境对话的实践性艺术。

二是由装置艺术形成的艺术空间在当地村民、艺术院校的艺术工作者以及当地政府合力打造之下成为一个意蕴丰富的艺术"场所"。 在这里,蓝天白云下的郁郁秦岭,广阔田野里的滚滚麦浪,果实累累的葡萄、猕猴桃,既是艺术家创作的灵感源泉,也是艺术空间建构的重要元素之一。 在艺术创作中,环境变成了被赋予语境意义的艺术空间,尤其是当物品转变为艺术品,并被放置在田野之时,田野瞬间也被纳入观众思考的范围,作品所处的田野空间也被充分调动,使田野也成为观赏的内容,艺术品与艺术场所浑然天成,融为一个整体。

---

[1] H. W. Janson, Anthony F. Janson, History of Art, Prentice Hall, 1997:924.

三是装置艺术赋予当地"场所"以特殊的意义。在蔡家坡村,艺术"场所"也是艺术家共同体思想的外化,与艺术品具有同样重要的地位。正如俄多赫特所言:"美术馆不再是被动的艺术品的容器,相反,美术馆的整个空间变成了思想意识的宣示。"①此处的艺术"场所"便是乡野之间的这片艺术空间,目之所及皆是自然馈赠的美景,当地百姓的日常生活,以及根植于日常生活的艺术实践活动及其艺术体验。正如罗杰·特兰西克所言,场所具有精神意义,场所的本质在于显示了物理空间的文化含义及人性意义。②

四是在蔡家坡村这样的特定语境中,"场所"是具有精神意义的文化表征。这里是装置艺术作品"发生"的场所,是决定艺术作品生产与消费必须依赖的特定时空。此处的装置艺术必须由"这儿"的场地、材料与情感等元素构成。所以,当某一装置完成从物品到艺术品的转换时,艺术场所发挥了必不可少的作用。犹如美术馆这种特殊的空间,它创造了那些物品被视为"艺术品",从而被关注的语义环境。换言之,在蔡家坡村这一具有特殊意义的"场所"之中,物品在被"看到"的那一刻起,就改变了其固有属性,被认为是某种艺术品,具有了显性的艺术属性。

五是装置艺术也是"关于蔡家坡村"记忆的一种形式,是人、地方与时间的联结之物。"地方"是人与自然地点建立意义的精神空间与交往场所,是人类经验与有意义的"场所"。③ 同时,艺术场所也是一种生动的记录与重要的叙事方式,无论是身处此地还是忆及此处,记忆之潮就会泛起。蔡家坡村以装置艺术的形式将艺术场所设置于乡野之中,记录着当地的生活经验:饱含着农民丰收时的骄傲与喜悦,拼接着农闲时的生活碎片和农活劳作的集体记忆。

---

① Michael Kimmelman. Installation Art Moves In, Moves On[N]. The New York Times, August 9, 1998, section of Arts and Leisure.
② Roger Trancik, Finding Lost Space: Theories of Urban Design, New York: John Wiley&Sons: 112-121.
③ 罗易扉. 地方、记忆与艺术:回到地方场所与往昔的历史经验[J]. 清华大学学报(哲学社会科学版),2023,38(02):148-157+231.

这样特别的艺术场所也是当地村民们身份认同的情感依托,当他们看到自己的成果被艺术化,不再单单是一件物品被赞叹时,自身也得到了肯定。"人之所以为人,是因生活在一个充满意义的地点与世界,拥有并认识你自己的位置。"①

蔡家坡村的装置艺术是人们生活经验的延伸,并通过艺术"场所"这一具有意义与价值的开放空间,吸引社会各个群体融入其中,拓展了艺术与生活的双向边界,催化了公共空间与人的关系,引导出更为清晰的"共同价值"。

二、物品成为艺术作品的符号表征

装置是"物体"的艺术化延展,是对空间的重新异化,从而创建人与物体及人与环境的对话。装置艺术是"场地+材料+情感"的综合展示艺术,融合延伸日常生活中常见物品的意义,把日常生活物质实体进行艺术化再造,再置于特定时空环境里展现出丰富精神文化底蕴的艺术形态。"关中忙罢艺术节"的装置艺术选择置于乡村田野之中,将村民们日常所见之物融进装置里,并将装置重置于生活场景中,每一件物品都可能成为艺术装置,每一件艺术装置都是村民日常生活的再符号化。

1. 在现实环境中选择创作材料

材料是装置艺术创作中的必备元素之一,材料的选取对于艺术情感与艺术思想的表达至关重要。装置艺术创作所需的材料是无限制的,可以是物质性材料,比如常见的金属、纸张等,也可以是非物质性材料,包括光、声音、水、风、空气、气味,以及自然景观等。以往,装置艺术材料一般选用常规材料,诸如纸张、木材、铜铁等。进入21世纪,物质文明快速发展,为社会提供了更

---

①Edward Relph,Place and Placelessness,London:Pion Limited,1976:40.

加丰富的、质地各异的材料。科学技术的迭代发展也给艺术家们的创新提供了新的思路。一个又一个新的艺术创新性运动也改变着人们的审美方式。艺术家们有了更多的选择去创作表达他们的思想理念以及情感的艺术作品。

不同材料的使用也赋予了装置艺术鲜活的生命，以冰冷的材料组建而成的装置也开始"开口"对话。这些物质材料形式直接拼接应用于艺术创作中，成为阐述作品的一种形式语言。它打破了艺术和非艺术的界限，使艺术开始贴近人类，开始融合情感。装置艺术不仅仅展现在观众的视线之中，还能够通过互动传递语言，其表现形式之丰富，是人类视觉、触觉和内心情感的综合表达。

如《葡萄夜话》（图7-1）是由姚聪、黄昕宇创作的声音装置艺术作品，选用的主要材料是葡萄藤，还有纸张，以及现代工艺生产的发声装置。声音装置隐藏在葡萄的包装纸下，如同田间的串串细语，缓缓讲述着这片土地上自然生命成长的故事。这看似简单的装置却是视觉、听觉、触觉和心灵感受的深度融合式表达。

图7-1　蔡家坡村装置艺术作品:《葡萄夜话》

第七章　艺在田野："关中忙罢艺术节"的装置艺术及其想象　141

艺术家郭庆丰的装置作品《步步生莲——致敬鸠摩罗什》(图7-2)，真可谓是语言材料转换的代表之作。作品以具有传统特色的剪纸艺术为表现形式，使用的物质材料是钢板、钢筋，并运用切割、焊接等手法将造型简约现代的，看似平面的作品立体地悬置于田野中。该作品创作初期，艺术家考察了高僧鸠摩罗什译经弘佛之地——秦岭圭峰山北麓草堂寺。作品最后融入了光阴、田野、日月星辰等自然元素，包括锈色处理，让其有一种与自然同步、缓慢述说的视觉效果，力求让佛法与自然相融。观众穿梭在这些装置之中也会获得别样的体验和感触。

图7-2　蔡家坡村装置艺术作品：《步步生莲——致敬鸠摩罗什》[1]

"关中忙罢艺术节"的装置艺术作品也有完全从现实中取材，用极具现实主义色彩的材料创作出的令人耳目一新的作品。刘宸创作的《栖语》(图7-3)就是用不锈钢、齿轮和链条等看似和自然矛盾的材料创作出来的。整体设计结合了月亮、树、鸟等自然物象，营造出当下生活的世界。整个作品呈现出现代工业风，放置在绿意盎然的乡村野外格外显眼。

---

[1] GZAC.展讯|第五届关中忙罢艺术节之《终南·山川·乡村志》开幕式及学术论坛现场[EB/OL]. (2023-10-25)[2024-12-18]https://mp.weixin.qq.com/s/erBLTNCjBZIDnRXRUmJSZg.

合适的材料和独特的艺术手法互相配合才能打造完美的艺术作品，才能将思想情感以及艺术理念呈现并传达给观众，从而展现艺术作品的社会属性与人文精神。"关中忙罢艺术节"意在打造一个乡村艺术空间，装置艺术也与以往艺术场馆内深奥高雅，仿佛和常人有着分明界限的艺术不同。这里的装置艺术反而将艺术和乡村相融合，让艺术主动投入普通平凡的日常生活之中，在平淡与简单的生活中感受日常生活艺术化的趣味。

图 7-3　蔡家坡村装置艺术作品：《栖语》①

2. 在现实生活中获取创作灵感

情感总是在创作的过程中一步步丰盈的，艺术创作也不例外。"关中忙罢艺术节"中的很多生动且有趣的装置艺术都是创作者受乡村生活中的点滴启发迸发出灵感而创作出来的。

在研究者对蔡家坡村村民进行随机采访时，问及门店外瞩目的气模装置。蔡家坡村的餐馆老板娘兴高采烈地介绍："那只猫是按照村里的一只猫做的，全村人都知道。"老板娘口中的猫是郭雨欣、隋雨荷、冷培雯、刘隧遥、张俊丰等

---

① GZAC.终南·山川·乡村志|刘宸:《栖语》[EB/OL].(2023-11-22)[2024-12-18]https://mp.weixin.qq.com/s/pMXkP3ZQ8oYEyGhRoKj_ig.

联合创作的装置艺术作品《葡萄》(图7-4)。这只"葡萄"的原型是村里的猫咪,工作站的工作人员偶然发现了这只猫咪,并在后来的接触中开始将目光聚焦在村里的小动物身上。他们还原了"葡萄"慵懒的形态,希望通过"葡萄"形象化的表达和立体的呈现给观众创造身临其境的感觉。观众即使之前没有见过这只猫咪,但当在村子角落发现它时,也能够与之产生联系。观众能够在与作品互动和观察的过程中逐渐了解葡萄的故事。这只气模猫咪以鲜明的色彩、可爱的造型深受村民喜爱,游客们也争相在它旁边拍照打卡。采用气模的形式更加呈现出猫咪胖乎乎的形象和软乎乎的触感。"葡萄"俨然成为村里一张移动名片。《葡萄》这个作品也被符号化,并被赋予了新的意义和情感。

图7-4 蔡家坡村装置艺术作品:《葡萄》[①]

"关中忙罢艺术节"中的装置艺术作品也有对地域性存在的表达,在创作的过程中融入了地域文化的精华,如《从前有座山》(图7-5)是创作者陈锐城在对凝灵塔实地调研的过程中,通过对村民们口口相传的神话故事进行看得见的、具象化的、想象性的呈现。村民们对于凝灵塔的记忆并不完全一致,创作者在此

[①]GZAC."葡萄"陪伴计划|村猫"葡萄"的故事[EB/OL].(2023-06-17)[2024-12-18]https://mp.weixin.qq.com/s/44TGKvb1eSPkjNkjbzOZKA.

基础上重构了这座塔可能的形象，采用泥土和麦子等材质，将其在栗峪河一处断层处冲洗，又同村民共同制作木构底座，将塔置于其上。最后的成品是带着不同人的记忆，经由不同人之手共同搭建的。

图 7-5 蔡家坡村装置艺术作品：《从前有座山》①

建造乡村文化公共空间应该注重传统文化的传承并体现乡村特色，在选取材料时注重与村民的生活日常建立紧密的联系，故而村子里自然的山川风貌就是最好的灵感。何况关中地区自然资源丰富，就地取材也成为很多装置艺术的首选。作品《电线杆上的鸟》（图 7-6）是由铁丝、石头、卷轴打造的。创作者郭定谷联想到村子依山而建，土壤以砂石为主，具有遇雨就滚石的特征，从而对一根有着至少 40 年历史的电线杆产生了想象和构思。作者想要保留自然的瞬间之美，讨论之后和工作室人员一起将其拓印出来，再联想到秦岭，将拓印的自然痕迹添添补补，增添了几只活灵活现的白鸽。就这样完成了作品时间的接续、自然的延续以及人与自然和谐共生的情感传递。

---

①GZAC.展览现场|终南・山川・乡村志：《麦田里的水稻》[EB/OL].（2023-09-25）[2024-12-18]https://mp.weixin.qq.com/s/IqrN_gTE9d1eWcCejWPwHw.

图 7-6　蔡家坡村装置艺术作品:《电线杆上的鸟》①

"关中忙罢艺术节"中的每一件装置艺术作品,从构思到最后在乡野之间同观众见面,从不是出自一人之手,而是从现实中汲取灵感,并与现实搭建起联系,最后共同协作搭建出有认同感的文化符号。在这个过程中,装置艺术离不开大众审美要求,创作者需要融入当地的生活和文化中去切身感受,村民也需要同创作者建立联系以提供参考线索。只有提炼出本土元素,对其重新设计与创作,让村民与游客能够感知且认同,这样的文化符号才能成为高于生活的艺术符号。

3. 赋予符号新的体验和想象

"关中忙罢艺术节"的装置艺术作品设置在秦岭终南山的乡村间,是乡土之上搭建的艺术空间,是田野里展演的一批批新作品,因此极具"忙罢"特色,在传递乡村美学的过程中逐渐演化成了象征符号。

装置艺术作为乡村公共艺术空间中的一种具有视觉形象特征的作品,拥有各式各样的表现形式,同时在野展现更增加了其被观察的机会。通过观察次数的叠加以及时间的积累,就能演变成一个符号。有学者撰文认为,与村民生活息息相关的装置艺术能够让居民对自己的居所有认同感、归属感,也能使游客对乡

---

① GZAC.展览现场|终南・山川・乡村志:《麦田里的水稻》[EB/OL].(2023-09-25)[2024-12-18]https://mp.weixin.qq.com/s/IqrN_gTE9d1eWcCejWPwHw.

村有新的了解与认识,从而弥补公共文化的缺失问题。① 装置艺术的在野展现不仅提供了直白的视觉美感,还能延伸出多重体验与无限的想象。

在形式上运用现代主义色彩的元素,搭建出与乡村自然风貌截然不同的独特景象,是装置艺术惯用的创作手法。 作品《栖语》中呈现的是常见的禽鸟、树木等,自然而然地将观众的视线引导到它们身上。 此时,陈设装置艺术的田野并没有发生变化,但田野因《栖语》成为人们思考的对象。 观众还能坐在上面与之产生互动,倾听栖息在此地的生物的低声细语。 在与作品接触式互动的过程中,自然与人开始了和谐互动,作品也因此打破了通过展现获得视觉享受的意义局限,其意义也得到了进一步延伸。

除了特定季节和人工创造的景观外,乡村里面最常见的就是自然景观,色调比较单一。"关中忙罢艺术节"中的装置艺术采用大胆的风格、鲜明的色彩与周围的环境形成对比,吸引注意力的同时拓展了空间的想象力。 张金平的装置艺术作品《秦岭之眼》(图 7-7)采用自然界少见的白色,整体设计为眼睛的形状,瞳孔的圆环可以将参观者的视线局限在一处,眼睛正对着的就是秦岭。 庞大的装置矗立在自然景色之间,瞳孔被设计成秋千,参观者可以置身其中与之互动。

图 7-7 蔡家坡村装置艺术作品:《秦岭之眼》②

---

① 周晓婧. 装置艺术在乡村公共环境中的应用研究[J]. 艺术科技,2017,30(05):305.
② GZAC. 终南·山川·乡村志|张金平:《秦岭之眼》[EB/OL]. (2023-12-08)[2024-12-18] https://mp.weixin.qq.com/s/cYTrqApOpiI8WNU6jEGKbg.

第七章　艺在田野:"关中忙罢艺术节"的装置艺术及其想象　147

在收获视觉盛宴之外,还能思索我们每个人和秦岭之间的联系。这样,装置本身的意义就不仅限于观赏。

　　视觉形式表达之外,其功能得以拓展的作品还有無名营造社创作的《忙罢独木桥》(图7-8)。该装置艺术作品由合金、铝镁锰金属板等材质组成,整个装置建筑主体是古色古香的原木色,与背景中的原始山野和谐一致。桥顶部局部扬起,形成轻盈而优美的曲面,扬起的方向顺着河道,正对着自然风光极美的秦岭,风景完全暴露在人的视线和大自然之中。整个装置建筑并不突兀,在具备美学意义上的满足之外还具备其他功能。桥本身的设计实现了人车分流,消除了安全隐患。内部一侧还有供游客休息的坐板,具有装饰作用和扩大空间之感。人们在此驻足休息时,还可以顺着压低的屋顶看向远处的山和河道,获得绝佳的景观视觉体验。同时,它给游客提供了交流的社交场所,三三两两的人齐聚此处,天南地北地聊聊天,入目是秦岭的冷杉、红豆杉等,耳边是喜鹊、画眉、斑鸠的叫声。这时候,艺术作品就不仅仅是视觉景象,也是享受生活的介质。

图7-8　蔡家坡村装置艺术作品:《忙罢独木桥》[1]

---

[1] GZAC.终南·山川·乡村志 | 無名营造社·陈国栋:《忙罢独木桥》[EB/OL].(2023-12-06)[2024-12-18]https://mp.weixin.qq.com/s/DVzRvq0T0klnEEQ4xgNKyQ.

这些装置艺术在视觉传达和功能拓展之外还加强了记忆的建构。随着城市化进程的加快，乡村人口的流失也加快了很多，村里留下的大多是老人和儿童，乡村原本的文化传统在悄然发生着变化，那些陈旧的历史记忆也随着时间的推移渐渐消逝。装置艺术能帮助村民唤起乡村的传统记忆，帮助修复历史文化脉络。《从前有座山》的设计就是唤起村民对于秦岭的凝灵塔的记忆。同时，在共同搭建装置艺术作品的过程中，创作者获得了记忆传承，游客们也能在与装置艺术作品互动和观察的过程中传承记忆。由于生产方式的变化，乡村中囤积了一些老旧闲置的公共设施，装置艺术作品《电线杆上的鸟》的创作灵感来源于一截超过40年历史的电线杆。电线杆经过时间的洗礼，表皮已经风化，一粒粒形状、颜色各异的小石子暴露了出来，展现出时光遗留下来的美。虽然电线杆不具备现实使用功能，但是它具有呈现时代印记的作用。艺术家在原有的基础上进行加工，用艺术的手法添加了新的元素，吸引了大家的关注，唤起了曾经有关这片土地的记忆，从而加强了记忆的建构，并拓展了记忆的长度。

装置艺术的表达不仅给了视觉呈现、功能拓展、记忆建构，同时也提升了幸福感，促进了经济效益。现代化的发展让乡村的很多年轻人选择投身城市，人才的流失让乡村的发展举步维艰。然而，"关中忙罢艺术节"的装置艺术作品帮助建造了乡村艺术空间，也促进了人才的回流。蔡家坡村的村民在接受采访时表示："原本我是在外地工作的，因为有了这个忙罢项目才回了家。"因为有了这个项目，她毅然决然地选择回到家乡，既能赚钱还能留在家里，她表示很幸福。对于装置艺术作品的理解，村民表示不知道具体的意义，但是很好看。村民们在提及村里艺术化改造的过程时都是喜悦之情溢于言表。装置艺术的介入对于蔡家坡村而言，就是小麦、玉米等主要传统作物，以及葡萄、猕猴桃等经济作物的迭代升级。环山路沿线一个个新的文化商业场景逐渐形成，依山而建的乡村艺术公路也渐渐成形，乡村的经济发展也一片向好。

置于乡村的装置艺术既是艺术家表达自我思想的工具和介质，也是与乡村融为一体的、接地气的意义传递的符号。"关中忙罢艺术节"的装置艺术作品更是在视觉传达之外，衍生出多样的体验和想象，成为艺术赋能乡村振兴的有效途径。

三、情感的装置与传递

通常情况下，艺术公共空间的打造与开放多在城市中，其封闭的天花板、逼仄的馆内空间或多或少地束缚住了装置艺术的开放性与互动性。但在蔡家坡村这个艺术村落中，雕塑、绘画、影像、装置等大部分艺术作品都被放置于露天环境中，例如村民房子外的墙绘艺术，立于田野之中的装置艺术作品，紧挨着农田的半圆形露天剧院等，即便是放置在房屋内的装置艺术，也具有很强的互动性与观赏性，如《葡萄夜话》《从前有座山》等装置作品。可见，蔡家坡村是一个集公共性与艺术性于一体的、发展中的公共空间，人们在这里可以进行美的陶冶与享受，进行情感的交流与传递。

在加速发展的现代社会，人们不仅面临着社会快速发展所造成的环境破坏、自然灾害等，还要面对精神上的虚无与痛苦，人们需要现实生活中的公共空间，抗争各种精神压力。互联网技术与新媒体的飞速发展看似方便了人与人之间的联系与交流，但在一定程度上加深了社会之间、社群之间、个体之间的封闭与隔阂。充斥着假新闻与后真相的舆论环境在近几年变得更加复杂，网络暴力、回音室效应、信息茧房等负面词汇也都带着新媒体时代的烙印。隐藏在屏幕后的人们对于事实真相未见、未知、未感，或情绪激动，或冷漠看待。人们更需要"在场"，需要公共空间来交流、互动、释放。人们在现实生活交往接触的过程中，感受到更多的是互助、善良、友善之情。因为在现实生活中，人们能接触到事实与真相，而不是被二次创作剪辑后的真相所误导。此外，正如社会学家库利所认为的那样，"人的行为在很大程度上取决于对自我的认知，而这种认知主要是通过与他人的社会互动形成的"。在现实的人际交往中，人们总是能实时地根据对方的言语、表情、动作做出符合自身社会角色的反应。在面对面交流时，人们可能会倾听对方，寻找共同的理念，获得一定的启发。

当然，当今时代对现实世界中公共空间的需要，既是为了个体内心世界的充盈发展，也是为了塑造更积极、和谐的社会环境。以此来检视乡村公共空间中的装置艺术，它不仅仅是公共空间内的装饰性存在，更成为人们宣泄情感、表达诉求、沟通交流、进行心灵疗愈的积极存在。蔡家坡村的装置艺术以多样的材质、丰富的主题、优美的外形传递着人们的情感，连接着人们的记忆。

1. 社会理念的诉求和表达

近现代以来，工业文明带来了环境污染与生态危机，威胁着人类的生存空间，人们对于生态和谐、自然环境美好的社会有着无限的向往。蔡家坡村原有的农业文明历经现代洗礼，正在全面迈向生态文明，全面迈向乡村振兴。"关中忙罢艺术节"借助当代艺术的观念和方法，以社会性艺术的方式，持续开展各类乡村实践，所建设的装置艺术作品契合生态文明建设、乡村振兴战略与传统文明转型。《忙罢独木桥》与《葡萄夜话》等装置艺术作品很好地满足了社会理念的诉求与表达。

《忙罢独木桥》是由無名营造社的艺术家陈国栋设计建造的。独木桥设计在潭峪河段蔡家坡村村口的公路桥上，狭窄的桥体既承载着密集的人车共行的交通要道，又是8号公路的重要节点。此设计不仅为了解决公路桥的不安全因素，还试图建造附属建筑物来满足村民与游客的多功能活动诉求。设计利用原桥体，在一侧加建由大屋顶覆盖的独木桥来实现人车分流，解决安全隐患。同时，也满足了村民与游客各自在桥上桥下的活动需求，为不同群体之间提供了交流的社交场所，既改善了村民的日常生活现状，又能够吸引游客在此驻留，顺应了"用乡村文化建设来引领乡村振兴"的发展理念。独木桥面向河道一侧为大倾斜角的单坡屋顶，屋顶顺应结构局部扬起，从而形成轻盈而优美的大曲面。屋顶向上扬起的同时，也向河道方向延伸。屋顶面向的是秦岭，风景完全暴露在人的视线中。当人们从大自然中移步到桥内时，视觉一下子被挤压，让人的视觉焦点聚集在屋面扬起的界限之内，使人与对面的风景进行特殊的对话。同时，通过屋顶扬起高度的特别设定，人置身于桥中的视线被压低的屋顶引向桥下的河道，同一个屋檐下的桥上与桥下形成了互动。然而，当人坐下时，又能够获得绝佳的景观视觉。無名营造社由一些关心中国乡土·地方建筑实践的青年建筑师组成，秉承"挖掘在地民俗建筑营造智慧，传承并实践新乡土建筑营造可能性"的工作理念，与默默无闻的乡村营造人士，如村民、工匠师傅等共同劳作，尊重在地的营造智慧和营造习惯。《忙罢独木桥》的搭建契合当地的地形与自然风光，所选择的材料为木头，完美地与所在环境相互呼应。不仅如此，该作品还考虑到了人与桥的互动关系，以及人与人的交流关系。桥作为一种实用性强的装置，打通了上下两个空间，扩大了人们日常生活可以使用到的空间面积，为人们提供了交往沟通的公共空间，契合"用乡村文化建设来引领乡村振兴"的发展理念。

声音装置《葡萄夜话》由布置在葡萄田间的五组电子音频模块组成。这些发声的小机器如同散落在葡萄田间的串串细语，拨动生命的琴弦，慢慢生长。这些萦绕在葡萄藤间的"幽灵"之音，裹挟着记忆与想象，是一系列关于葡萄的故事，关于土地的故事，关于人的故事，更是关于生命的故事。《葡萄夜话》是一个互动性强的声音装置，参观者可以戴上提供的耳机，聆听农民们在劳作时发出的交谈声、葡萄抽芽生长的声音、丰收的喜悦声、麻雀落下又飞走时扇动翅膀的声音、村口喇叭广播的声音等。戴上耳机，人们可以无限地发挥自己的想象力，与厚重的农耕文明在现代的发展、乡村艺术的"接地气"进行面对面的接触。葡萄产业是蔡家坡村主要的致富产业之一，顺着进村路走，不远处就能看见一幅墙绘：一位老农手里提着一串葡萄，咧着嘴开心地笑。这是以村里老支书王岩的故事创作的墙绘。"葡萄"在蔡家坡村非常常见，除了"葡萄书记"的墙绘，还有刚进村就能看到的道路两旁的葡萄地与葡萄架，以及声音装置《葡萄夜话》。这些与葡萄相关的艺术作品也映射出蔡家坡村积极响应生态文明建设、乡村振兴战略，与社会理念相契合。

2. 社会历史的再现与诉说

艺术的创作离不开历史与现实。漫长的历史中曾经发生的"故事"可以依托灵活而富有感情的艺术作品呈现给观众，人们也可借装置艺术作品来触摸历史、感知历史。

以前，关中地区农忙时总是天气炎热、艳阳高照，人们干农活的时候都会戴一顶自己编织的草帽来遮挡炎炎烈日，预防中暑。现代农业逐步走向现代化与科技化，现代化农具的使用大大降低了人力的使用占比，草帽逐渐从一人一顶到一户一顶，慢慢消失在人们的视野中。戴耘创作的装置艺术作品《草帽歌》，在麦田中间的田埂上，竖立了一个6米左右的红砖草帽，上面用丝网印印上了红色五角星及"某某生产大队"的字样，草帽的带子用螺纹钢制成，可起到支撑的作用。从远处看去，草帽恍如凡·高笔下的一轮红日；近处细观，又是那个逝去年代的劳动者、农人的一曲草帽歌，上面用红字写着"为人民服务"。《草帽歌》坐落于麦田的田埂上，与村民、村落在精神上是相互呼应的。前两届"关中忙罢艺术节"也展出过一些户县(鄠邑区前身)农民画，上面的人物在劳作时也都是头戴草帽，挥汗如雨地劳动。细看《草帽歌》这件装置艺术作品，还能看到帽檐上方有两个小孔，在现实中是用来穿绳子的，把绳子系起来，草帽才能固定在头上。《草帽歌》的创作材料是从本地的旧房子收集来的红砖，红砖上的肌理就是经历几十年风吹日晒、雨打所留下的痕迹，承载着关中村落的某种气息，是历史的见证。

图7-9 蔡家坡村装置艺术作品:《草帽歌》

第七章　艺在田野:"关中忙罢艺术节"的装置艺术及其想象　153

《电线杆上的鸟》是艺术家郭定奇创作的装置艺术作品。他在走访调查中了解到,终南山下的栗峪口村依山而建,土地以砂石为主,每遇下雨,栗峪河里全是从山上滚落的石头。20世纪90年代,售卖山上的白色石头也能解决村子里一部分人的温饱问题。村子里有一根废旧电线杆,据村子里的老人说,这根电线杆至少有40年历史了。电线杆的表皮都风化了,露出一粒粒形状各异、五颜六色的小石头。作者想保留这种自然的瞬间之美,便把这根电线杆拓印出来。面对拓印出来的10米卷轴,结合一个多月以来在村子里的所思所想,作者把有趣的自然痕迹填补成图案,并且在展墙上画了一只村子里随处可见的白色鸽子。这只鸽子被作者想象为他在拓印电线杆时,时不时飞到杆顶的那只。

电线杆是日常随处可见的东西,实用性强,可保障所在区域的电力输送,是生活中的基础设施。以前的电线杆的制作材料里居然有石头,这也是带有时代烙印的特征。《电线杆上的鸟》是一件集装置、绘画、影像于一体的艺术品。人们通过这件作品上的小石头能有具体的地理感知——这是来自终南山的小石头,通过电线杆的拓印痕迹能感受到历史、岁月在这个村子所留下的痕迹。展墙上的小鸽子为本来质地坚硬的电线杆拓印增添了生命力与活力。参观者也可以进行追问:为什么电线杆里有石头?石头是从哪里来的?这只小鸽子是本地的品种吗?参观者在这个过程中形成对历史的好奇心与探索欲,现场触摸、感知历史,与历史进行互动。

还有一件作品需要强调。清代陈治衡作过一首诗,题为《晚憩明阳寺》。诗中写道:"古寺山腰出,岿然太乙阳。清冷落涧水,岚霭护禅房。曲径行来缓,幽花把更香。好游得良夜,身世已全忘。"这首诗被收录在《户县志》中。诗中写到的明阳寺位于西安市鄠邑区石井街道栗峪口村东老牛坡下。据考证,这里曾经是秦、汉、隋甘泉宫殿宇的所在地。如今旧址上仅存一座缺失塔尖的石塔——凝灵塔,一块字迹不清的石碑——《重修明阳寺碑》和一口不再使用的甘泉井。《从前有座山》的创作者陈锐城在西安市鄠邑区栗峪口村调研凝灵塔的过程中,当地人对凝灵塔遗址不同的记忆与说辞,引发了作者对于凝灵塔的好奇,人们的口述不断具象化了对凝灵塔的想象。作者重构了这个过程:"从前有座秦岭山，山里有座明阳寺，寺庙里有座凝灵塔……"他使用泥土、木、金属、麦秸秆等制作了尺寸接近的凝灵塔塔尖。创作完成之后，陈锐城将塔尖带到了曾经作为栗峪口村主要水源的栗峪河的一处断层，将塔尖放在水里，迎水冲洗然后再带回，放置在与当地村民们共同制作的木构底座上。如今，该作品展览在栗峪口村的"阿喵茶餐厅"内。《从前有座山》依托古诗与遗址，使用当地材料来制作，尽力贴合历史，将塔尖拿到栗峪河迎水冲洗也仿佛是在回溯历史，在水流声中体会"曲径行来缓，幽花把更香"。

3. 人类对自然的思考与探索

建设美丽中国的战略部署将全面推进人与自然和谐共生。这就要求人们要反思工业化所带来的污染及对环境的破坏，坚持人与自然和谐共生的现代化发展理念。"关中忙罢艺术节"的一些装置艺术传递着"人与自然""人与动物"的和谐对话。

《栖语》是刘宸的作品，选用不锈钢、木头、齿轮、链条等材质。作品采用三轮车、工具、旗帜、工业化齿轮，结合月亮、树、鸟等自然物象进行组合，"复写"出我们当下所生活的环境，不仅仅有自然物象，更有工业文明所带来的物象。同时，这部作品是可以使参观者参与其中的，人们可以骑在三轮车上，蹬动脚踏板就可以使上面的月亮、旗帜、树等转动。互动使得作品发生动态变化，营造出人、工业与自然的和谐场景；以一种互动式的方式参与，让参观者切身体验到人与现代社会、自然生态的关系。银质的金属感给人冷酷的现代社会之感，而三轮车、工具与旗帜又让人觉得熟悉，月亮、树、鸟是常见的大自然之物。三者的结合彼此呼应，当人们亲自坐上去，蹬动踏板又会带来不一样的体验与思考。

《葡萄陪伴计划》是创作者们以村内一只名为葡萄的小猫咪为原型，制作了气模装置放在一片绿草地上，而且以猫咪葡萄为设计灵感，在村口为一户民居绘制了"葡萄门神"，可爱夸张的形象十分显眼，俏皮的样子吸引了参观者的注意力，并引发他们的思考。通过观察、欣赏和与作品互动，参观者逐渐了解了葡萄的故事和它在乡村中的生活状况。在《葡萄门神》壁画里，它不仅扮演了守护者的角色，同时也作为一个象征，表达了对乡村中动物的守护与关注。通过对"葡萄"形象化的表达和立体的呈现，为参观者创造出一种身临其境的感觉，即使在现场看装置艺术时没有看到这只猫，但当人们在村子里的某个角落发现它时，也能与之产生联系。小动物也是大自然中重要的一部分，关心、热爱每一个小生命也是和大自然和谐相处的途径。

4. 人们情感的传递与交流

艺术作品的创作总是饱含着创作者的情感，除了创作者的热情，还应有创作者想表达的感情，观众在观看时产生的感情，联想触动时的感情，观看后回味的感情。有了情感，就想要去倾诉、倾听、交流、沟通。装置艺术的可互动性与高观赏性，形成一个个现实的艺术公共空间，传递给观众不同的情感，促进人们进行交流。

《多极星》是一个激发人们从多角度感受环境的互动装置。《多极星》可远观，犹如一颗闪耀的红色恒星，降落在终南山下广阔的田野之中；《多极星》可近玩，每个圆筒都是一个三角万花筒，人们可以从不同的角度观看周围的远山或者村庄，与人和环境产生互动；人们也可以进入多极星的内部，圆筒内外的人们互相观看，看到万花筒里变幻的对方，人和人之间产生互动。在这颗美丽的星星里，人们仿佛可以忘却平日里的烦心琐事，沉浸在与伙伴和他人交流玩耍之中，传递着情感。装置艺术作品《镜里镜外》是创作者们将考察过程中看见的每一户村民家大门口所悬挂的镜子都还原出来，悬挂在一个纯色钢架上。在门头悬镜是蔡家坡村的一个古老的习俗，承载着主人家招财纳福的心愿，更重要的是可以辟邪转运，挡煞借景，祈求祥瑞。一面简单的镜子传递了从古至今人们对美好生活的向往。这样的一个互动装置不仅传递了人们的心愿，增长了参观者的见识，更能促进人们之间的相互了解与交流。还有，《共生植物园》是游客与村民共创的一个作品，通过劳动交换、收集与村民日常生活息息相关的旧物，让参观者作为活动的参与者与村民合作。在参观者选出自己感兴趣的旧物剪影之后，创作者会给出相应的旧物。参观者寻找自己喜欢的植物，与村民合作种植在所选择的旧物中。在这个共创共建的过程中，不仅可以增强互动感，消除人们之间的陌生感，促进参观者与村民的交流沟通，也会让参观者对蔡家坡村的植物和旧物有切身的接触与体会。最终的植物园构建完成后，也会在参观者心中留下情感的羁绊，以《共生植物园》为纽带建立起参观者与村民及蔡家坡村的独特联系。

虚拟空间上发生的情感总是虚无缥缈的、无根基的，甚至有时是破坏性的、毁灭性的，而在现实公共空间中，人们的相聚与观看，所发生的情感是自然的、贴合的，传达的感情与态度是真实的、动人的。"关中忙罢艺术节"中的装置艺术以独特的造型与互动性，能够使人们自然而然地流露出情感，使观看者或参与者拥有表达的欲望来诉说感受与期待。

四、结　语

作为艺术实践的重要类型之一的装置艺术，其艺术场所的选址具有精神意义的文化表征。"关中忙罢艺术节"的艺术场所与艺术品合二为一，是人、地方与时间的联结之物——装置艺术与蔡家坡村结合，记录了农闲时的生活画面，诉诸了当地村民们深厚的家乡情感。在装置艺术的具体展出实践中，更加突出了忙罢艺术空间装置艺术公共性与互动性的特点，沉浸式的体验使参观者与蔡家坡村产生了情感联结，增强了参观者对当地的参与感和认同感。

装置艺术的材料作为艺术搭建的媒介，选择的皆是源于本地村庄的元素。无论是当地本就存在的葡萄藤，还是鄠邑区圭峰山北麓草堂寺的高僧鸠摩罗什译经弘佛，艺术家们都抓取了本地特色，使艺术作品更生动、鲜活。创作者在创作的过程中还掺杂了本地村民的共同记忆，也在传递乡村美学的过程中逐渐演变成了象征符号。

蔡家坡村是一个集公共性与艺术性于一体的公共空间，人们可以在这里进行美的陶冶与享受，还能进行情感的交流与传递。装置艺术不仅仅作为公共空间内的装饰性而存在，更成为现代人们宣泄情感、表达诉求、沟通交流、进行心灵治疗的积极存在。

总之，"关中忙罢艺术节"的装置艺术是以多样的材质、丰富的主题、优美的外形"在地性"地传递着人们的情感，联结着人们的关系，呈现出社会理念的诉求和表达、社会历史的再现与诉说、人类与自然的思考与探求，以及人们情感的传递与交流。

第八章 乡村蝶变:"关中忙罢艺术节"的乡村空间生产及其社会逻辑

乡村振兴作为新时代国家发展的重要战略,其目标是实现农业农村现代化,提升乡村产业、生态、文化等多方面的综合实力。在此过程中,艺术作为一种独特的介入性媒介,在激活乡村资源、繁荣乡村文化、助力乡村改造提升、保持乡村可持续发展的同时,也成为标识乡村的"地方性"以及建构"地方"价值的重要手段之一。近年来,蔡家坡村围绕建设"诗画鄠邑·品质新区"的目标,坚持文艺赋能乡村振兴,全力打造"关中忙罢艺术节"文化品牌,用艺术改造乡村,促进乡村文化振兴,带动乡村文旅产业融合发展,使其成为集人文旅游、乡村休闲、民宿餐饮等多产业为一体的乡村振兴示范村。这种由艺术改造乡村,推动乡村文化振兴和文旅产业融合发展的生动实践,既是艺术赋能乡村介入性力量的推动,也是乡村空间生产及其背后社会逻辑的必然走向,更为其他乡村地区的发展提供了宝贵的经验和启示,展示了艺术在乡村振兴中的独特价值。

一、空间生产与蔡家坡村的日常生活

戴维·哈维认为"空间"是由地域、形状、体积、方向等条件元素构成,空间成为现实事物的一种客观属性。① 爱德华·苏贾则认为空间是社会生产出来的空间,既是实体的物理空间,也是个体联结社会的关系。② 空间生产作为一种涵盖面比较广泛的理论视角,在城市空间、社会空间、文化空间、艺术空间、乡村空间、媒介空间等领域引起了诸多学者的思考,相关研究成果层出不穷。尤其如法国著名社会学家、哲学家亨利·列斐伏尔所认为的那样,空间就是社会的产物,空间不再是外在于生产关系的"容器",其本身就是生产关系的现实载体。③

在开启城市空间研究的范式转向之前,空间生产理论关注的对象是村、镇。如列斐伏尔对法国比利牛斯山区的乡村社会与农民社区生活展开研究,他认为传统农业社会的转型不仅仅是建筑形态、景观环境的改变,更是居民日常生活方式的改变,并运用"回溯—前进法"来研究乡村社会特殊的历史空间问题。在这一点上,与蔡家坡国际艺术村的"蝶变"完全吻合。蔡家坡村通过打造"美好乡村计划",将传统乡村的生活方式、价值认同,与现代城市文明的创新文化、生活美学相结合,营建出美好生活服务中心、村史馆、美术馆、"终南剧场"、小树林、共享书屋、户县院子、葡萄藤下、GO 䈳精品民宿等一系列乡村文化新场所,以艺术赋能乡村,推动乡村旅游发展,带动乡村经济,实现乡村振兴。很显然,将空间生产理论应用于乡村空间生产过程的研究,既符合新时代乡村发展的现实要求,也体现了乡村振兴视域下治理现代化的理论创新。

---

①戴维·哈维.后现代的状况:对文化变迁之缘起的探究[M].阎嘉,译.北京:商务印书馆,2003:270.
②爱德华·W.苏贾.后现代地理学:重申批判社会理论中的空间[M].王文斌,译.北京:商务印书馆,2004:236.
③亨利·列斐伏尔空间的生产[M].刘怀玉,译.北京:商务印书馆,2021:102.

1. 蔡家坡村的"空间实践"

列斐伏尔的"空间实践"指的是社会生产与再生产以及日常生活。空间生产理论虽是基于资本主义生产关系做出的批判性思考，但空间生产的研究是综合的、广泛的、开放的，其理论所强调的物质空间变化反映了社会复杂的发展变迁过程这一核心思想，可为乡村振兴提供理论依据与参考，对我国村镇聚落空间发展具有现实参考价值。

蔡家坡国际艺术村落集群的历史变迁就是典型的"空间实践"过程，是"一轴、两心、三线、四区(村)"规划理念下的物理空间重构。其中，"一轴"是以8号公路为发展主轴，打造中国最文艺的乡村公路；"两心"是以蔡家坡村为场景核心，以"关中忙罢艺术节"为内容核心；"三线"是指步行观光线–文化场所，骑行体验线–移动艺廊，车行感受线–自然生态；"四区（村）"是指文化艺术区——蔡家坡村，乡产农创区——栗峪口村，民艺工坊区——下庄村，美劳研学区——栗园坡村。当然，与物质空间相伴相生的是社会生产方式的改变以及日常生活方式的改变。

乡村振兴驱动下的乡村"空间实践"过程要求传统村落必须摆脱原始的、落后的、自给自足的发展思维。在对地方性"物理空间""文化空间""艺术空间""生活空间"等充分认识的基础上，通过引入"城市""资本""理念""艺术"等方面的"超地方"要素逐渐解构固有的自然、经济、文化、社会空间等边界，并以积极主动的姿态融入这种"超地方"要素介入后重新建构的乡村空间，打造内外联动的新时代乡村振兴发展格局。蔡家坡村的"地方性"资源禀赋得天独厚，位于秦岭脚下的西安市鄠邑区石井街道东南，紧依曲峪河，民风淳朴，交通便利，环境优美。全村耕地总面积3708.87亩，以种植葡萄和猕猴桃等经济作物为主，辖区内有将军山古镇、4A级风景区金龙峡，旅游资源丰富。全村现有人口1056户3910人，常住人口964户2892人；2018年脱贫摘帽，2020年实现贫困人口全部脱贫,2022年蔡家坡村人均年收入达到21000元;[1]2013年至2022年,蔡家坡村集体经济收入增长了10.5倍,人均年纯收入从8655元增加到20012元,年旅游综合收入1400余万元。[2]

近年来,蔡家坡村在多元主体、外部资本、权威规划等"超地方"要素的介入下,通过提升改造原生态村落,整合地方性传统文化,吸收现代性艺术理念,重新建构了一个完整且极具时空性、灵动性、开放性、艺术性与展示性的乡村空间——蔡家坡国际艺术村。蔡家坡村坚持文艺赋能乡村振兴的理念,2019年获得"陕西省美丽宜居乡村"称号;2020年入选"陕西省乡村旅游示范村";2021年入选第三批"全国乡村旅游重点村";2022年入选文化和旅游部联合共青团中央推出的"稻花香里说丰年"全国乡村旅游精品线路,入选全国"村晚"示范展示点名单,并作为文旅融合发展典型案例入选西安市"四库两基地"案例库,获得"西安乡村旅游示范村"称号;2023年入选第一批全国"一县一品"特色文化艺术典型案例。

2. 蔡家坡村的"艺术乡建"

乡村不单纯是一个物理空间,更是一个社会空间。物理空间的重新建构是本,通过艺术赋能乡村建构生活空间是魂。"艺术乡建"的过程实际上是一个在原有的空间内进行再生产的过程,就是给物理空间赋魂的过程。"艺术乡建"是一种以当代艺术家和知识分子为主体,以艺术为主导,以艺术的力量来建构和发展乡村的一种文化实践活动。[3]

2018年,西安市鄠邑区政府联合西安美术学院在蔡家坡村发起了"艺术乡建"项目,以现代艺术赋能乡村振兴,音乐节、交响乐、先锋话剧、传统戏剧秦腔等走进村民的生活,大地艺术、墙绘艺术、装置艺术、陈设艺术、社区艺术、

---

[1]刘羽凡,王聪聪,杨逸辰,等.艺术介入下村庄优化发展路径研究——以西安市蔡家坡村为例[C]//中国城市规划学会.人民城市,规划赋能——2023中国城市规划年会论文集(16乡村规划).长安大学建筑学院,2023:11.
[2]陈艳,付玉玮.田野里的"文艺范"[N].陕西日报,2024-03-26(011).
[3]肖昕,张凯雯.艺术乡建助力乡村振兴探索[J].乡村论丛,2023(04):42-50.

共享书屋等成为村里的新景观。多种艺术形式成为润泽心灵、涵养乡风的重要手段，也如"金钥匙"一般为乡村经济"解锁"，并开启潜在的增长点，以此拓展出更广阔的发展空间，激活乡村沉睡的文化资源。当然，"艺术乡建"不是由作为创作主体的艺术家们来完成的，而是由当地政府、企业、社会机构、村民，甚至游客共同创造的事业。例如"关中忙罢艺术节"就是联合各大艺术院校和文艺团队共同打造的文化品牌，通过艺术节期间举办的多项艺术活动，创设了"忙罢艺术节"乡村文化旅游大 IP，使"关中忙罢艺术节"成为关中乡村群众的文化盛会，创造性地践行艺术文化带动乡村旅游振兴战略，在激活基层活力，展示城乡文明建设成果，展现基层群众风采面貌，推进文化艺术乡村建设的同时，成为文化艺术赋能乡村振兴的典型案例。

截至 2024 年 12 月，"关中忙罢艺术节"已连续成功举办六届。其中，"第五届关中忙罢艺术节"中的《原境：闽陕民间艺术"对话"展演》项目，设置了民俗影展、民艺展示、经典演出、主题座谈等，并将这些艺术形式以综合的方式形成立体的艺术结构，让福建和陕西两省具有代表性的"村景、节庆、祀祈、生活、民乐、技艺"等民间艺术形式汇聚一处，既突出传统文化与乡村生活互生的"原境"关系，也让两地的典型性民间艺术展开对话。此项活动的开展以终南山为背景，将乡土变为艺术空间，将田野化为展演现场，以终南生态艺术展、地方音乐与实践、"艺术村长"及社区艺术项目三大板块，用艺术激活忙罢节庆传统，更好地推进乡村文化再建，塑造乡村的新田园生态。

以"自然·生态""亲和·美好"为目标，2024 年"第六届关中忙罢艺术节"以"终南戏剧节"、终南生态艺术项目、终南社区艺术项目三大板块进一步完善文艺品质建设、文旅体系建设、产业结构建设、环境生态建设，共同构筑城乡文化相互成就的有机关系。此外，2024 年将继续推进四个新型乡村文化空间建设（李东桥秦腔工作室、易俗社终南分社、农民画终南分馆、蔡家坡乡村书屋），继续提升三个乡村美术馆（蔡家坡乡村美术馆、直峪口站东美术馆、栗峪口乡村美术馆）的品质和知名度，走出鄠邑区的特色新型文化空间构建之路。

乡村文化重构在深度与广度上不断拓展，其艺术实践形式愈发丰富。蔡家坡国际艺术村未来依旧以艺术赋能乡村振兴为核心，带动环山路片区各个村子的振兴发展，并通过举办"关中忙罢艺术节"等相关艺术活动，将艺术融入乡村生活，以艺术引领乡村文化建设，更好地助益乡村文化"活"起来、村民精神"富"起来。

3. 蔡家坡村的"空间意义"

空间作为一种社会与文化的存在形式，无论是物理空间，还是艺术空间，抑或是文化空间，都是人类主体塑造的空间"实践"过程及其结果。把秦岭脚下西安市鄠邑区石井街道东南蔡家坡村的自然空间纳入"行政主管者""科学规划者""外来艺术家""原始村民"以及"目标用户（受众）"的主观认识、积极改造等人类理性实践范畴，自然空间才能从人的主观意义转化为文化视域下的"表征的空间"。

在"艺术乡建"的过程中理解乡村空间，不仅包含对重新建构的物理空间的认同，还有集体认同的核心价值观，以及富有"地方性"的叙事空间，"艺术乡建"的过程应成为对这些空间重新阐释的过程。[1] 就蔡家坡村由传统村落向蔡家坡国际艺术村"蝶变"的历程来看，一是对原有物理空间进行改造提升的过程；二是对村民长期以来形成的"叙事空间"进行解构的过程；尤其值得强调的是第三个环节，即在政府介入、科学规划、艺术赋能以及多元主体共存的乡村空间建构过程中，提出诸如以城带乡促进城市和乡村相融合，以文塑魂让艺术和生活相融合，以人为本、使人文和自然相融合等乡村文化建设理念的贯彻与落实。经过多年的摸索与实践，蔡家坡国际艺术村的艺术乡建以"关中忙罢艺术节"为先导，成为艺术介入乡村空间生产过程的重要实践。从生产性视角看，这些步骤与环节不仅进一步拓展了乡村空间概念的外延，也厘清了列斐伏尔所说的"空间的实践、空间的表征与表征的空间"等要素的边界。这里的"空间的实践"为实体性物质空间的集合体，可以理解为蔡家坡国际艺术村的打造。"空间的表

---

[1] 方李莉,范晓颖.中国艺术乡建的理论与实践[J].美术,2023(07):6-19.

征"则指向抽象性的社会空间，可以理解为艺术赋能之下的蔡家坡村社会空间的建构。"表征的空间"是结合人类日常生活实践与居住环境，依据现实生活的体验感而形成的微观空间形态，可以理解为"艺术乡建"视域下的蔡家坡乡村空间以及乡村振兴视域下的消费空间。

进一步而言，承载乡村社会生产力与生产关系的乡村空间兼具物理与社会的双重属性。在空间生产过程中注重社会效益，通过整合资源、因地制宜赋予不同村庄特殊的调性，培育多种文艺业态，实现文旅融合发展、文明素养提升、乡土人才培育等共生共赢，努力打开城乡双向交流的新通道，探索文艺和人才赋能乡村振兴的新模式，为乡村振兴带去具有推广与复制价值的样本。截至2024年12月，蔡家坡国际艺术村吸引了200余名艺术家和青年人才驻村创业创作，引进落地32座艺术作品，6万平方米壁画；①高标准举办"忙罢艺术节"和系列公共文化活动，预计年吸引200余万城市游客；让乡村"好看、好玩、好拍、更时尚"，培育城市生活消费新场景，促进村集体和村民就业增收；创新"国有公司+集体经济+社会资本"模式，鄠邑区打造并招引了"蔡家坡美好生活服务中心""栗峪口土锤咖啡""栗园坡知青楼"等56个品牌消费新场景，通过策划研学旅游、农业采摘等20余项集体经济增收项目，植入100余个群众共享销售摊位，预计将直接带动就业1000余人，让8号公路片区实现旅游收入8000余万元；②促进城乡生活场景互换、城乡要素平等交流，在实现"好吃、好销、更好价"的同时，进一步实现村集体增收壮大，农民就业多样化，收入多元化。

二、多重维度的乡村空间生产

"艺术乡建"赋予并提升了乡村空间的可改造性、可建构性与可持续性，重塑了乡村的空间价值。换言之，乡村空间生产首先是物理场域内的生产性过

---

①李彬.鄠邑，忙吧！——乡村振兴，既要生活富裕更要精神富足[J].当代陕西,2023(19):36-41.
②闫鑫.文艺赋能绘出乡村美好生活[N].西安日报,2023-7-19(05).

第八章　乡村蝶变："关中忙罢艺术节"的乡村空间生产及其社会逻辑　165

程。是通过基础设施改造重构"感知的空间"的实践过程。乡村空间表征则是乡村社会治理的艺术性"构想的空间"的呈现，包含职能部门、规划部门、艺术家等要素干预并控制着现实的空间建构。乡村空间表征是"艺术村长"的艺术实践生活、新乡村传统居民日常生活以及国际艺术村新居民艺术生活的实体形态与日常生活表征，每一个主体在这个特定的乡村空间内的生活实践与公共价值都重新书写着地方性空间生产的多重维度。

1. 物理空间生产

物理空间是空间生产的根本。物理空间的地方性是村民生产与生活的地域范畴。物理空间的延续性是艺术赋能乡村振兴战略落地执行的空间单元。在物理空间生产方面，蔡家坡国际艺术村的空间生产就是规划、设计、实施带有地方性乡村符号特征的空间秩序建构的过程，比如蔡家坡"艺术村长之家"就是物理空间生产过程与乡村空间实践的典型案例。

物理空间最显著的特征是"感知性"，是具有物理形态的社会空间。沿着蔡家坡村中心大道往南走1千米，然后右转，一个名叫《融》的艺术设计造型矗立在村口，街道两旁桂花树成行，竹篱笆整齐如一，篱笆内玫瑰、月季吐蕾，一座座乡村小楼房墙壁粉白，紫红瓦盖顶，与秦岭腹地的自然环境相得益彰，是生态宜居的样板。街道中间南边有五间两层楼房，是由民房改建而成的，墙面绘着三只彩色兔子，挑檐挂着两只灯笼，布局大方、漂亮，艺术气息浓厚，这就是蔡家坡"艺术村长之家"。鄠邑区政府聘请了西安市城市记忆博物馆馆长宋群担任"艺术村长"并指导本村的工作，还有西安美术学院的学生在这里从事艺术实践工作，"村长之家"就是他们的工作站，同时也是对外展示、引流、示范的窗口。蔡家坡"艺术村长之家"的设计规划"感知性"非常强，进门就是会议室，顺墙根摆放着各种陶瓷罐；墙角的凳子驮着拐磨，往前几步左边有竹篮、手提篮、泥塑陶俑等，右边是书架，陈列着有关"忙罢艺术节"的图书；后排的会客厅放着沙发和茶几；二楼是西安美术学院学生住宿的地方，后院是用餐的地方。西安美术学院的学生常驻村庄，与村庄一同成长，持续提出关于"艺术乡建"的建议，与村集体一起商讨推进，让艺术真正与村民的生活融为一体。

空间不仅是一种现实，还是历史的产物。它有自己的历史，就像时间、村落和文化等其他方面一样。反映蔡家坡村历史纵深的村史馆就是现代性物理空间再生产的空间。村史馆位于中心大道起点左侧，是西安美术学院实验艺术系师生设计并建设的，东西坐向，面朝大道，包括上下两层，设计和陈列体现着"极俭之美"的理念。第一层陈列室摆放着几十把收割麦子的镰刀，看到它就会回忆起20世纪关中大地麦客收麦的场景，即便是没有这方面的经历，电视剧《白鹿原》中收麦的镜头也能浮现在脑海里。在这个特殊的物理空间，每一把能够真真切切"感知"的镰刀都在为艺术村的"忙罢艺术节"进行历史层面的书写。此外，村史馆正面墙上的照片展示了水缸、舀水勺、搪瓷盆、筛子、簸箕等；北面墙上的照片展示着村民用过的瓷碗、蒸笼、笊篱等日常用具。日常生活用具唤起的是非同寻常的记忆。这些不起眼的物件看似平淡，却蕴含着乡村生活的艰辛以及对未来的憧憬。套间里陈列着木犁、木杈、耱、推板、竹筢等工具，这是村民一年四季耕作田间地头时常用的农具，浸透着他们劳作时的汗水。第二层是展示空间，通过视频展现村民曾经的劳作、生活和山村脱贫致富后翻天覆地的变化，以及参与农村改变面貌的各项活动。总体而言，这个"极俭之美"主题展就是把蔡家坡村和村民家里的角落、物品，用摄影和实物的方式搬进了展馆，让村民们在展厅里看到了自己村、自己家的那些日常生活细节，将乡村的"日常之美"蕴含于平淡之中。同时，这个展览还倡导绿色环保的生活观念，倡导村民动手参与改变村容村貌。

空间既是产物，又是生产者。类似蔡家坡村村史馆这样的物理空间生产，既可以很好地阐释空间的实践性、艺术性与生活性等特征，也可以揭示蔡家坡国际艺术村，甚至艺术村落集群整体空间的发展内在机理。在研究者看来，以蔡家坡"艺术村长之家"和蔡家坡村村史馆为乡村空间的生产者，打造了数片设计感较强的民宿，建立了一批极具特色的民艺工坊，规划了数间装饰文艺的书店，举办了几届终南文艺盛会，重建了乡村市集，完善了乡村新生活美学系统。与此同时,"忙罢艺术节"同样作为乡村空间的生产者,使得秦岭生态环境和人居环境得到全面提升,完成了约 41 千米的道路更新,提升改造了 39 处,包括乡村公共厕所、停车场、乡村会客厅、乡建共事办公室、劳动教育基地、红军纪念馆等基础设施和公共服务空间,使乡村的承载能力得到了全面提升。

2. 艺术空间生产

在政策引导、政府牵头、艺术赋能以及乡村振兴等因素的综合作用下,蔡家坡村的村容村貌、原住居民、土地资源、乡村文化、生产生活方式等核心要素变为空间实践的生产力、驱动力、执行力。蔡家坡国际艺术村物理空间的建构就是生产力、驱动力、执行力在乡村变化过程中促进地域空间由自然物质空间向艺术空间转变的重要过程,是"感知性空间"向符号化、抽象化、概念化的"构想空间"转变的过程,是艺术进入乡村、艺术融入乡村、艺术驻留乡村、艺术改造乡村的过程。

为了让一系列"过程"得以实现,鄠邑区聘请了几位"艺术村长":西安美术学院副院长、第四届"关中忙罢艺术节"总策划武小川,中央美术学院实验艺术学院院长、栗园坡村"艺术村长"邱志杰,清华大学美术学院副院长、下庄村"艺术村长"董书兵,广州美术学院跨媒体艺术学院副院长、栗峪口村"艺术村长"刘庆元,西安市城市记忆博物馆馆长、蔡家坡村"艺术村长"宋群,陕西省美术工艺大师、龙窝村"艺术村长"傅强。他们都是知名美术院校的专家学者,在艺术圈有很高的知名度。同时,蔡家坡村还与西安美术学院联合建立实践基地,不少青年学生在这里创作、实践、就业。

"艺术村长"主导下的乡村空间多元主体建构是蔡家坡村现实乡村社会关系不断重构空间秩序的行进过程,这种构想空间不像物质空间那样可以被直接感知与观察,而是需要受众、用户,或者说游客对艺术空间的构成要素进行二次解码,因此空间建构过程中生产出了相应的空间语言符号系统,如"终南剧场"就是空间语言符号系统阐释艺术空间实践过程的典型。

168　介入与超越：关中忙罢艺术节文化传播研究

图 8-1　2018 年·"第一届关中忙罢艺术节"海报

图 8-2　2019 年·"第二届关中忙罢艺术节"海报

图 8-3　2021 年·"第 3 届关中忙罢艺术节"海报

图 8-4　2022 年·"第 4 届关中忙罢艺术节"海报

第八章　乡村蝶变："关中忙罢艺术节"的乡村空间生产及其社会逻辑　　169

图 8-5　2023 年·"第五届关中忙罢艺术节"海报

图 8-6　2024 年·"第六届关中忙罢艺术节"海报

终南山下，绿树环抱，麦田环绕的由废弃的土壕改造而成的"终南剧场"是"关中忙罢艺术节"的中心会场，面向终南山，是一座原生态的户外夯土剧场。自"终南剧场"建成以来，先后举办第二届、第三届、第四届、第五届、第六届"关中忙罢艺术节"相关演出 30 多场，村民自发组织各类活动 20 多场。导引牌位于剧场门口左侧，右侧是艺术节砖雕及芭蕾舞女造型；北面设有茶座和咖啡亭；正门由松木方条搭建，横额为"终南剧场"，门两边木板上刻着一副对联，上联为"新区幻彩古邑生辉三千景象尽成诗"，下联是"虎步追春兔毫写梦十万风光皆入画"；大门左面是葱绿的麦田，右面的展板介绍"终南剧场"和"忙罢艺术节"以及在此演出过的国内外著名艺术家。"终南剧场"的主会场北面用红砖砌成半圆造型，东头重西头轻，半圆台阶下是演出场地。它既是大型活动、晚会的举办场所，也是游人休闲娱乐的公共空间。有演出时，观众可分别坐在西、北、东三面，形成一个弧形的观赏布局。总体而言，"终南剧场"在宏大的实体布景下，不仅充分显示了人与自然亲近与融合的关系，也已成为终南山下国际艺术村落的重要载体和标志性建筑。这里的每场演出、每场活动作为有意味的符号表征着乡村艺术空间的艺术生产，就连此处的一砖一瓦、一草一木都是蕴含意义的符号，与其他符号共同完成了这个特殊艺术空间的表征实践。

对此，西安美术学院副院长、"第四届关中忙罢艺术节"总策划武小川教授解释，从社会现场、网络现场、乡村现场三个角度，通过具体的艺术实践案例介绍艺术发展的转向特征，通过对生态系统——西安社区（艺术）实践季、陕西实验艺术和关中艺术合作社两个学术公众号、"关中忙罢艺术节"的具体"现场"实践项目建构出的一种社会性艺术的实践方法论为基础，推动本地文化生态多元化发展，分析"艺术乡建"在乡村振兴中的带动作用，展开对"关中忙罢艺术节"作为"非典型性""艺术乡建"中的"典型性"的演化模式的探讨。①

可见，在蔡家坡村这个特定的物理空间里，原住村民、主管部门、专家学者、高校学生、游客以及艺术符号本身等空间生产者共同建构了这样一个复杂的艺术空间。这个空间不仅仅是一种现实存在，同时作为一种结果、原因和理由的概念发挥着多重作用。它在蔡家坡国际艺术村这个乡村社会和多个主体生活中产生自我解构能力，同时又改变着空间关系和结构，甚至可以说是在自我重构这个地方性艺术空间。在自我解构与重构中不断强化艺术空间实践能力，发展出"艺术+旅游""艺术+农业""艺术+红色""艺术+研学""艺术+生态"等艺术生产模式，产出一系列全域支撑产品，同时也调整了传统的产业结构，提升原有的产业层次，形成全域旅游的产业发展新体系，撬动各领域资源融合，为进一步激发社会效益和经济效益提供更多可能。

3. 文化空间生产

由政府、艺术家、村民等多元主体共同实践的"艺术乡建"建构了蔡家坡国际艺术村艺术空间，而文化空间是对艺术空间的进一步升华，是指艺术家视野中想象的、虚构的、象征性的空间，是一种兼具时间性和空间性并承载和展示某种

---

①李杰,李叶,武小川.武小川:参与乡村建设是一种持续社会工作的延伸[J].设计,2023,36(12):66-69.

文化的特定场所,①也是物理空间、人文空间以及乡村空间的有机组合体。如果说艺术空间是一套符号系统的生产过程及其结果,那么文化空间就是对这些符号所代表的实际对象或概念进行释义的过程与指向。

在蔡家坡村,通过艺术赋能建构新乡村文化空间并不只为了追求艺术、展示艺术、实践艺术,而是打造以文化艺术为核心,村落生态展演与当代艺术相结合的新型艺术村。它以乡村文化振兴与建设为重点,以农业为基础,以终南山为背景,以乡村为舞台,精心设计文化项目,通过举办"关中忙罢艺术节"及相关艺术活动,借助文化艺术项目,激活基层活力,展现基层群众风采,展示城乡文明建设成果,创造性地践行乡村文化振兴战略。

当艺术介入乡村,不仅使艺术在乡村找到了更广阔的实践空间,也为乡村社会寻得了一条颇有诗意的发展之路。以蔡家坡国际艺术村为代表的石井艺术聚落在文化空间实践过程中以"5个新"为内在运行逻辑,重构政府机构、原住村民、"艺术村长"、参与实践的学生、新业态经营者以及游客等众多实践主体所形成的乡村社会差序格局,使得乡村社会呈现出以"艺术书写文化"为内核的空间秩序。

一是"乡村新文化",即文化振兴计划。通过物理空间的改造和提升以及新乡村节庆活动的举办带动乡村新文化的发展,实现艺术与乡村文化的融合,激活乡村文化新体验。当然,"关中忙罢艺术节"是新乡村节庆活动的核心 IP,此外还建构了"诗""画""文""艺"四条脉络:"诗"——诗歌/秦岭诗歌朗诵会,"画"——画画/壁画艺术,"文"——文化/文创新活力,"艺"——艺术/艺术节。通过诸多形式的"乡村新文化"来激活基层活力,推动乡村文化艺术建设,创造乡村振兴新模式。

二是"乡村新引力",即组织振兴计划。通过艺术家驻村工作带动艺术与乡村文化的重组与融合,打造乡村文化场所,构建乡村新消费体系。6 位著名的艺术家驻村当"艺术村长",具有很强的引领价值和带动作用。他们充分发挥了自身专业优势,以艺术的力量影响乡村。四所"艺术村长之家"具有典范性和引

---

① 王利民.叁伍壹壹:城市文化街区及其媒介空间多元建构[D].西安:陕西师范大学,2022.

领性，可以推动连片区域乡村艺术发展，如已经发起的生态艺术计划、美好乡村计划、儿童公教计划等都具有很好的示范意义，以艺术实践活动的方式以点带面，让连片乡村重新焕发新活力。

三是"乡村新场景"，即人才振兴计划。在艺术介入乡村的过程中，为吸引更多外部资源导入就必须强化人才支撑，尽力促进艺术人才与乡村发展有机融合。为此，蔡家坡村及其周边乡村持续营造一系列乡村文化场所，不断打造"艺术村长之家""石井文化艺术中心""直峪文化艺术中心"等乡村新文化地标，源源不断地赋能乡村文化空间生产。截至 2024 年 12 月，各个村落已经建成若干民宿，创设一批民艺工坊，开设数间文艺书店，举办好几届终南文艺盛会，重建乡村市集，系统地完善了乡村新生活美学体系。此外，西安美术学院实验艺术专业师生自 2023 年起，发起《50×50 家庭美术馆》项目的第一回、第二回，组织了近 50 位/组青年艺术家，与 50 组村民展开了深度且具有想象力的合作，以合作参与为方法，对家庭空间进行再造和设计，完成十几户村民的"家庭美术馆"项目。村民和艺术家们在房前屋后、院口街道，共同创作、联合展演，打造家家户户的生活新场景、美学新空间、生产新环境。

四是"乡村新经济"，即产业振兴计划。通过艺术与旅游融合发展促进乡村文旅，营造出乡村经济的新传播平台和新价值窗口。时下，已经规划的文旅融合发展体系为"一个支柱产业品牌、一个文创衍生品品牌、两个产业展销平台、N 个产业+旅游体验基地、N 个文化+旅游产业融合发展场所"。通过这些规划的落地实践，双驱推动乡旅发展。还有，在乡村产业发展方面，重点打造石井特色产业品牌，搭建产业宣传平台；在文化创意发展方面，聚焦葡萄产业和基于乡村文化的文创衍生品。

五是"乡村新美学"，即生态振兴计划。在自然和人文再造改变乡村面貌之时，尤为注重以美学理念提升宜居、宜业、宜游的人文自然环境，并以艺术驱动村民精神文明程度的大幅提升。在自然和人文再造方面已经完成了 40.8 千米道路的提升式改造，正在打造 N 个艺术公园和 N 个乡村公共文化空间。在人居环境提升方面重点打造"8 号公路"核心发展轴，建成了三条主题游览线路：其一是"蔡家坡艺术村长之家—终南剧场—蔡家坡村美术馆—蔡家坡村村史馆—石井文化艺术中心—直峪文化艺术中心—雕塑中心—栗峪口村长之家等文化场所"步行观光线；其二是"终南剧场—蔡家坡村美术馆—蔡家坡村村史馆—共享农庄—石井文化艺术中心—直峪文化艺术中心—甘泉书院—农业科普教育中心—自然探索营地—红军过境纪念馆"骑行体验线；其三是"金龙峡景区—将军山古镇—蔡家坡艺术村长之家—慈母宫—葡萄长廊/直采—牡丹苑—石井文化艺术中心—直峪文化艺术中心—雕塑中心—童子庙—凝泉塔—红军过境纪念馆"车行感受线。三条线路分别以步行、骑行、车行为行进方式，确定沿线景观以及路程的远近。此种主题游览线路设计串联起各类资源节点，既能让游客观赏沿线亮丽的风景，又形成了独特的行进体验。

综上所述，蔡家坡村将美丽的山川田园转变为文化艺术的多重空间，既赋予了乡村空间多元文化内涵，使乡村空间不断走向长远之路，同时也提供了诸如艺术介入+长效设计、建筑设计+社区营造、民宿经济+乡村旅游产业、生态农业+手工再造等传统乡村生活与现代生活美学相结合的崭新模式，从而推进城乡融合与可持续发展。以2024年6月1日开幕的"第六届关中忙罢艺术节"为例，此次艺术节以"业态更完整、发展更完全、艺术更完美"为目标，以"生态、合作、美好"为实践关键词，借助各类艺术形态、文化形态，挖掘本地历史传统、民间民俗文化资源，重塑乡村美学，推进美学经济，打造高品质的艺术活动与展览，形成对本地文化的提升，塑造朴实、厚重、温润的乡村图景，带动各方能动，持续探索一条艺术长期参与乡村振兴的路径。

三、乡村空间生产的社会逻辑

在蔡家坡村，乡村空间生产的路径与过程显著体现了多元主体的积极参与，这涵盖了物理空间的建构、艺术空间的精心打造，以及文化空间的生产与再生产。尽管这一过程的多元性和复杂性已清晰可见，但全面而深入地解析其背后的驱动要素和社会逻辑仍然至关重要。在这个过程中，"艺术乡建"起到了决定性的作用。作为乡村生活空间实践过程的一部分，它不仅在多元空间和多元价值的视角下展开，更是艺术空间社会化的重要表征。简而言之，空间社会化是指人类社会的自然空间在人类实践活动中经历了生产性重构。这种重构不仅改变了空间的物理形态，还从政治、经济、文化等多个维度对空间进行了社会性形塑。在蔡家坡国际艺术村的建设中，人们通过艺术手段改造和塑造乡村空间，同时也在这一过程中不断调整和重塑乡村的社会结构和文化生态。这种艺术乡建的实践，不仅丰富了乡村的文化内涵，提升了乡村的品位和形象，还为乡村的可持续发展注入了新的动力和活力。理解蔡家坡村乡村空间生产的路径与过程，必须深入探究"艺术乡建"的核心作用，以及空间社会化对乡村空间生产的深远影响，这有助于我们更全面地把握乡村发展的规律，为乡村的振兴和发展提供有力的理论支撑和实践指导。

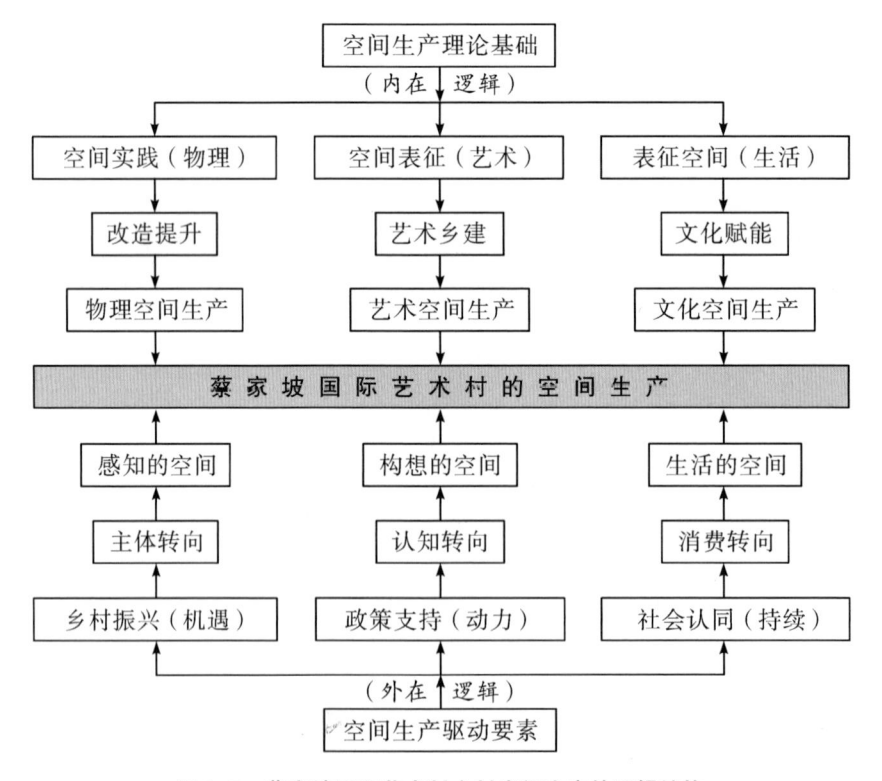

图 8-7 蔡家坡国际艺术村乡村空间生产的逻辑结构

1. 乡村振兴：空间生产的历史机遇

从党的十九大报告提出"实施乡村振兴战略"到党的二十大报告明确指出"全面推进乡村振兴"，从中共中央、国务院印发《乡村振兴战略规划（2018—2022年）》到《中华人民共和国乡村振兴促进法》的实施可以看出，随着我国迈入新发展阶段，"三农"工作重心实现了向全面推进乡村振兴的历史性转移，乡村振兴战略为新农村建设创造了新的发展机遇，也为"艺术乡建"提供了肥沃的土壤。"艺术乡建"为乡村发展带来全新的可能，也成为乡村全面振兴的独特发力点，其主旨是以艺术介入乡村建设，使艺术成为提升乡村社会价值的重要手段。从空间实践的层面来看，"艺术乡建"是对乡土文化的深耕，是地域美学的艺术转化，也是文艺人民性的内涵呈现，是"文化振兴"的进一步深化，更是实现共同富裕的重要内驱力。其意在重构人与人、人与乡村、人与自然的关系，振兴乡村产业，美化乡村环境，复兴乡村文明，并助力乡村治理。从空间表征的层面来看，乡村振兴需要从艺术赋能乡村多元价值实现的新路径进行统筹考虑。在乡村空间重构的过程中全面表征乡村空间在政治、艺术、文化以及生态环境、宜居环境、营商环境等方面的多元价值。乡村多元价值的实现必须依赖乡村空间再生产，也就是说乡村振兴背景下的"艺术乡建"，是以文艺的方式介入乡村建设，有效激活人的个体价值和乡村资源价值。从"艺术家驻村""文创团队驻村"的"外援式"艺术赋能向培养农民艺术家"以艺赋产、以艺兴旅"的"内生式"转变。蔡家坡国际艺术村以艺术赋能产业发展，走出了"艺术乡建"的重要一步，把"送文化"变成"种文化"，形成了以美育点化并提升人的审美能力，净化人的审美意识，培育人的审美素质和审美人格的有效途径。从表征空间层面看，乡村振兴视域下的新农村、新居民、新游客等综合作用下的乡村空间再生产需要平衡好乡村各个参与主体间的关系，需要处理好地方政府引导优势、乡村组织自治优势和西安美术学院的专业优势，进一步支持文艺工作者深入生活，用文艺的方式激活乡村资源，繁荣振兴乡村文化，丰富农民的精神生活，赋能乡村产业兴、环境美、百姓富、治理好。只有这样才能在持续保持空间活力的同时形成乡村振兴的独特样本，实现"特色传统·当代表达""专业品质·营造场景""多方能动·共塑业态"综合作用下的乡村振兴的最终目标——"共同富裕·共襄美好"。

2. 政策支持：空间生产的主导力量

从物理空间到艺术空间，从文化空间到生活空间，蔡家坡国际艺术村乡村空间多元价值的有效实现离不开政策的支持。只有在政府的主导下引入更有活力的"艺术乡建"模式，才能全面激发乡村产业的发展活力，为乡村空间再生产实践注入源源不断的"活水"。

近年来，西安市以乡村振兴统领"三农"工作，大力促进"农文旅"融合发展，打造了一批从环境美到内涵美的大美乡村，走出了一条农业兴旺、农民富裕、农村繁荣的新路子。鄠邑区聚焦秦岭自然生态保护、环山路及沿线人居环境治理等重点领域，积极以秦岭生态保护为底、以农业发展为本、以文艺赋能为魂，围绕"守底线、抓发展、促振兴"工作主线，全力推进产业、人才、文化、生态、组织"五大振兴"，促进农文旅深度融合，不断提升公共服务空间，增强乡村承载力，着力打造大西安乡村振兴"鄠邑样板"。

选择以"艺术"之名破题新时代的乡村建设，是鄠邑区与西安美术学院的双向奔赴。艺术赋能下的蔡家坡村让鄠邑区看到了机遇：城市让乡村更美好，乡村让城市更向往。"艺术乡建"使村民拥有物质与精神的双重获得感、幸福感。鄠邑区委、区政府于 2021 年从改善农村基础设施开始，深度参与了这场"艺术乡建"。随着调研、实践的不断深入，鄠邑区的"艺术乡建"工作朝着更具针对性、有效性和前瞻性的方向发展。从美丽乡村到艺术村落，从一枝独秀到百花齐放。鄠邑区政府制定了《文化艺术村建设实施方案》，投资 2.5 亿元，对 8 号公路片区的 11 个村落及周边区域进行了统一规划和综合改造提升。

"艺术乡建"中乡村运营者的重要性不言而喻，但乡村并不缺匆匆而来又匆匆离去的艺术家，缺的是能长期扎根，并带动村民参与艺术创作，助力乡村良性发展与治理的文艺人才。鄠邑区以"万千行动"为契机，为下派干部人才创设

"三长三员"岗位,从文化专家中选聘"艺术村长"。他们承担着参谋员、组织员、辅导员和宣传员的角色,不仅要协助所驻村子挖掘、展示、弘扬乡村文艺文化资源,帮助培育组建特色文艺团队、培养文艺骨干,还要用文艺的形式,帮助所驻村子开展新时代文明实践、特色农产品宣传等活动,助力乡村振兴。

3. 社会认同:推动空间生产可持续发展

认同是社会行动者建构意义的来源,是行动者对外来压力和矛盾的现实回应。[1] "艺术乡建"不仅在改造乡村环境风貌、提升乡村公共文化服务能力等方面发挥着重要的作用,还促进了乡村传统产业升级和乡村文旅产业的发展,为乡村社会寻得了一条诗意发展之路,更能够培养人们对艺术赋能乡村的共同认知和消费体验,而唯有共同认知才能产生更多的情感共鸣,实现群体共享的目的。[2] 换言之,如果说乡村振兴战略为蔡家坡国际艺术村的重生提供了历史机遇,各级政府的政策支持为蔡家坡国际艺术村成为网红提供了有力保障,那么基于社会认同的商业价值实现是蔡家坡国际艺术村可持续发展的前提。

随着后消费时代的来临,空间生产与经济运行逻辑的碰撞使得空间出现了普遍的"消费转向"。[3] 伴随着空间的"消费转向",蔡家坡国际艺术村的空间生产也必须朝着"消费转向":"农民"向"新农人"个体认同转变,"自然的"向"社会的"乡村文化转变,"管理者"向"服务者"政府职能转变,"观光者"向"参与者"用户体验转变……反观蔡家坡国际艺术村的发展,不少人已经实现了完美转变——栗峪口村的陕西全村人文化旅游发展有限公司负责人王羽曾在清华大学经管学院任教,人到中年后想到乡村寻找内心的平静,于是和一群志趣相投的朋友打造了一个乡村会客厅。作为乡村整体运营商,专业从事文旅策划、乡村产业振兴、规划、建设、运营的整体解决方案供应商、运营商,负责为乡村策划、规划、招商、落地各类项目。广州美术学院毕业的阿喵把工作室搬到了栗

---

[1]曼纽尔·卡斯特.认同的力量[M].夏铸九,黄丽玲,译.北京:社会科学文献出版社,2003:36-37.
[2]王利民.叁伍壹壹:城市文化街区及其媒介空间多元建构[D].西安:陕西师范大学,2022.
[3]王宇彤,张京祥,何鹤鸣.符号介入:后消费时代的文化空间生产研究——以故宫紫禁书院为例[J].城市发展研究,2020(5):58-64.

峪口村，在村里搞起了艺术，还嫁给了村里的阿豪。她的画笔不再局限于图纸，村里的白墙成了她的画框。她无拘无束地创作，不再遵循命题，而是忠于自己的内心，用艺术装点村庄。她还带来了家乡的叉烧、虾饺、烧卖等，在"艺术村长之家"开起了"阿喵茶餐厅"。驰骋南北的冰哥也在村里找到了内心的归属，机车改装圈的大咖在骑行的路上，遇见了喧嚣过后的平静生活，于是把机车搬进村里，建造了一座"机车展览馆"，在逍遥茶机车主题茶饮馆里不仅可以欣赏酷炫的机车，还可以在钟南山下品一口浓香的茶饮。学习动物医学的阿哲发现城市压抑的环境不利于宠物的心理，主人因工作繁忙也很少陪伴狗狗。于是他决心改变现状，帮助更多的宠物，所以在这里建造了一座大大的宠物乐园。他要让猫猫狗狗们也有幼儿园可以上，在更宽阔的地方自由奔跑……

现如今，蔡家坡国际艺术村已经成为乡村旅游景点和"网红打卡点"，在8号公路沿线发展出了各式各样的新业态，很多人慕名而来，只为喝一杯村咖，打卡某家餐厅或者住一晚民宿。相比于城市，乡村新业态所处的环境更广阔、更多元，可以是群山间、稻田旁、马路边，也可以是小河畔、果园里，这也让乡村新业态的颜值与格调有了更多的可能性，同时也为可持续发展创造了一个独特的商业模式。蔡家坡国际艺术村落项目的顺利推进，证明文艺加持的蔡家坡村片区正在从"文艺引流"转型升级为"网红"，实现可持续发展，走向真正意义上的"国际艺术村落"，村民的收入也大幅提高。2023年上半年，蔡家坡村人均可支配收入12604元，同比增长20%；村集体经济收入42万元，同比增长59%。①

四、结　语

作为全国首批文化赋能乡村振兴试点区和首批公共文化高质量发展示范区，鄠邑区围绕"诗画鄠邑，品质新区"的目标，以"关中忙罢艺术节"为引领，打

---

①闫鑫.文艺赋能绘出乡村美好生活[N].西安日报，2023-7-19(05).

造蔡家坡国际艺术村落，建成蔡家坡村美好生活服务中心、"艺术村长之家"、土锤咖啡、知青楼、村史馆等一批功能完善、特色突出、艺术气息浓郁的新型文化空间，深受广大群众的欢迎。蔡家坡国际艺术村的成功是内在"地方性"与外在"艺术性"的综合实践过程，而基于"地方性"之上的特殊性是艺术的灵魂，少了独特性，艺术将很难再为乡村振兴赋能。蔡家坡国际艺术村的成功是乡村自我发展潜力与艺术催化主力内外联动的结果，而基于乡村"地方性"特色的"消费转向"才能推动空间生产的可持续发展。蔡家坡国际艺术村以"关中忙罢艺术节"为载体，依托生态资源和历史底蕴，吸引艺术家入村创作，植入多元文化活动，让农村更具标识度，更有吸引力，还拓展了乡村空间内涵，呈现从洁化到美化，再到艺术化的新趋势。随着各具特色的艺术实践在田间地头深入开展，艺术将不断拓展乡村文化振兴的路径。随着艺术空间"消费转向"的不断实践，蔡家坡国际艺术村走出了一条艺术赋能乡村的可持续发展之路。

第九章 以艺为镜:"关中忙罢艺术节"的媒介镜像及意义重构

"关中忙罢艺术节"自2018年举办以来,蔡家坡村的"艺术乡建"及其成果就被媒体关注并予以全方位报道,形成了公众广泛认知的媒介镜像。媒介传播在蔡家坡村"关中忙罢艺术节"的形象建构中发挥了关键作用,通过虚拟媒介空间与实体乡村空间的深度融合,系统地重构了乡村的生产与生活场域。在这一过程中,媒介传播不仅塑造了蔡家坡村独特的文化品格,更为新时代乡村振兴探索出了一条创新的发展路径。

一、镜像理论与媒介对乡村的新定位

镜像理论起源于法国精神分析学家雅克·拉康。他将人的认知分为"自我"和"他者"两个阶段。人对自我的认知定位的形成,是人成长的重要阶段。镜像是"自我"的原型,是"自我"的开端,一旦"自我"借助镜像开始确立,主体不但获得了统一感和整体感,与其他个体的差别也开始出现。在拉康的理论中,"自我"来自看到"镜子"这一媒介后反映出来的图景。人们并不能独立地认知镜像,通常被想象为另一种符号,因此图景的意义上升为符号构成的象征意义。并且"自我"并不是绝对存在,它很大程度上依赖"他者"的介入,人们在对"他者"的认同中进行自我认同。[①]

当代社会知识信息的急剧增长与传播给人们的知识接受方式带来了深刻的变革。大众传播中被动的"受众"概念已经逐步扩展为主动的"产消者"。新媒体平台的阅读已经不仅仅是一种阅读行为,而是所有参与这个阅读过程的人合力完成的一项基于新媒体平台的知识分享、互动、营销、购买和体验的活动。在镜像理论视角下,任何用户的阅读行为都是一种自我完善的行进过程,即信息消费者无论是主动摄取还是被动接收信息,总是在主体性与整体性互为构建的虚幻形象中进行着某种自我认知的异化,以便不断地进行自我完善。通常情况下,人们把通过阅读行为造成的自我认知上的"虚幻形象"称作"阅读镜像"。在媒介环境下,受众或用户对蔡家坡村"忙罢艺术节"形象的接受与理解受制于媒体广泛加工、塑造、传播的媒介形象。

在我国社会经济发展浪潮下,城乡人口的流动打破了乡村固有的发展模式和结构,呈现出城乡融合的发展态势。其中,媒介技术的普及和扩展给乡村发展模式带来了更多的可能性。在新媒体发展的背景下,中国诸多"名村"依靠旅游行业和自然疗愈的特点成功"出圈",例如甘肃省的扎尕那,依靠大型人气综艺节目《爸爸去哪儿》成功为人们所熟知。但同样地,"旅游度假村"的乡村发展模式面临同质化、重复化、去特色化等发展瓶颈。在很多旅游度假胜地,主要还是单纯地依靠自然、人文资源,缺乏娱乐、服务设施的配套,竞争力不足。[②] 在这种发展不平衡以及遭遇发展阻碍的情况下,媒体对乡村进行形象包装和塑造,将乡村那种具有特色的、典型性的形象展现给了大众。蔡家坡村的发展在中国乡村发展整体潮流上可谓"一枝独秀"。2018年,西安美术学院教授武小川、张亚谦等人成立了关中艺术合作社,并在西安周边地区发起了一系列乡村文化实

[①] 崔露什.从拉康的镜像理论看电影及其他媒介影像的镜子功能[J].社会科学论坛(学术研究卷),2009(02):136-139.
[②] 汤举红.浅谈我国休闲度假村的发展和存在的问题[J].安徽农业科学,2006(16):4067-4068+4135.

践活动，在西安市鄠邑区石井街道蔡家坡村举办的"关中忙罢艺术节"就是其中之一。西安美术学院的老师们结合蔡家坡村的历史背景、人文风貌，带着学生深入田间地头，探索艺术实践和乡村发展的双向结合，实现乡村发展的"艺术性转向"。在此过程中，艺术不断跳脱原有的既定的生成逻辑，艺术家们试图在艺术的材料语言属性，在发生的情境层面、价值诉求层面，进行某种突破。①蔡家坡村也在艺术实践的深度介入中实现了多维度的改变。

在举办"关中忙罢艺术节"的这几年里，媒体力量起到了关键的作用。2018年6月9日，由西安美术学院研究生处、实验艺术系与鄠邑区石井街道人民政府联合举办的"第一届关中忙罢艺术节"在鄠邑区石井街道蔡家坡村成功举办，至此"艺术乡建"的新路径逐渐展现在人们眼前。②自此之后，每一届"关中忙罢艺术节"的举办，从省级媒体到中央媒体，蔡家坡村在被媒体报道的过程中逐渐被大众熟知。2023年上半年，中国新闻网、新华社等众多大型媒体对蔡家坡村的"忙罢艺术节"进行报道，报道关键词为"艺术乡建""忙罢艺术""艺术村长"等。中国新闻网在2023年9月20日的报道中提道："蔡家坡村串联起鄠邑区乡村旅游名片8号公路，打造了文化艺术中心、乡村书屋等乡村新空间，建成了'终南剧场'和乡村美术馆等文化场所，将传统乡土转变为艺术空间，将麦田转化为展演场所，实现了乡村生活方式与现代文明创新文化的融合，乡土价值认同与生活美学的交汇，赋予了乡村新的艺术气质。"③《人民日报》客户端在2023年1月4日第12版的报道中采访了时任蔡家坡村"艺术村长"的宋群，他提到用乡村美学促进乡村发展，另外采用"微改造"的理念原则，即在旧的建筑或闲置的建筑中进行设计建造，在不对村民正常生产生活造成影响的基础上实现艺术赋能。④

---

①武小川.为什么要去农村——"关中忙罢艺术节"策划解读[J].民艺,2021(03):86-90.
②佚名."第一届关中忙罢艺术节"西安市鄠邑区石井镇蔡家坡成功举办[N].中国艺术传媒网,2018-6-11.
③王丽莎.秦岭山下的"文艺范"：点"靓"村落新貌赋能乡村振兴[EB/OL].（2023-9-20）[2024-12-18]https://baijiahao.baidu.com/s? id=1777556508613401236&wfr=spider&for=pc.
④原韬雄.蔡家坡"艺术村长"宋群：以乡村美学促乡村发展[EB/OL].（2023-01-04）[2024-12-18]http://paper.people.com.cn/rmrbwap/html/2023-01/04/nw.D110000renmrb_20230104_3-12.htm.

第九章 以艺为镜："关中忙罢艺术节"的媒介镜像及意义重构

总体而言，媒介对蔡家坡村艺术乡建以及乡村形象的塑造主要是以报道"乡村艺术新定位及其发展"为主题展开。媒体对蔡家坡村"忙罢艺术节"的报道塑造了大众心中蔡家坡村独特的艺术乡村形象，同时也提出了"艺术乡建"助力乡村振兴发展的新路径。艺术介入乡村，不是艺术作品在乡村的简单堆砌，也不是城市化艺术在乡村的集中展示，而是针对我国乡镇现代化发展以及乡村社会发展现状，以区域性现实为依据，以乡村的可持续发展和村民诉求为目标，深入、持续观察乡村在文化、经济、风俗习惯等方面的演化特质，[①]并以此为基础来思考与谋划艺术介入乡村的实践类型与实践效果。为此，艺术工作者深入蔡家坡村的田间地头，通过观察与感受蔡家坡村的传统文化特色与氛围，寻找乡村文化与现代艺术的契合点，进而创作出适用于乡村空间的艺术作品。大地艺术、装置艺术、汇展艺术、墙绘艺术等作品的集中展示，并配以戏剧、歌舞剧等其他艺术形式，凝结成了艺术乡建的果实——"忙罢艺术节"。在连续举办六届艺术节的过程中，蔡家坡村村民和艺术工作者们不断地修正蔡家坡村"忙罢艺术节"的定位。如蔡家坡村主要种植的农作物为小麦、玉米等，艺术工作者们深入了解之后一致认为，艺术创作不能对村民们的农作物种植产生影响。于是，艺术工作者们就自觉地依从中国传统农耕文明，并在此基础上进行艺术创作。在农村夏收的时间点——即"忙罢"之后再进行艺术创作，其中，麦田艺术便是代表作。此外，艺术工作者们将惯常陈列在艺术馆内的艺术作品转移至田间地头，使广阔的土地成为艺术作品的盛放之地，并改变了乡村艺术的功能取向。这种艺术陈列场所的转换，既扩大了艺术作品的范围，也改变了艺术作品的功能定位，让艺术作品走出展览室、陈列馆，走向村民耕种的土地，走进民众日常生活的每一个空间，真正地让艺术融入民众之中，走向大众化。"关中忙罢艺术节"的发起者曾提出"社会性参与艺术"以及现场艺术实践的重要性，并坚持在地性、生态化、实用性等创作三原则。[②]艺术创作的在地性原则就是因地制宜，

---

① 武小川,张亚谦,曾宪洲."艺术乡建"的关中探索[J].上海艺术评论,2019(04):53-55.
② 武小川.为什么要去农村——"关中忙罢艺术节"策划解读[J].民艺,2021(03):86-90.

结合具体的环境进行创作，鼓励与村民展开合作，让艺术作品和乡村现场产生关联，避免在乡村简单复制过于个人风格化、符号化的作品。所谓生态化原则，即积极地利用可再生资源，最大限度地保持原生态，就地取材，绝不破坏自然环境。艺术创作的实用性原则就是坚持以艺术的方式解决实际问题，包括修桥铺路、美化村容村貌、改善实际生活、鼓励百姓参与艺术活动，并创作具有实用性的艺术作品，多方位助力乡村发展。

二、乡村物质空间再生产中的新场域

艺术的介入给乡村发展带来了新的思路，使得蔡家坡村在原有的农耕文化的基础上创造出了一个物质空间再生产的新场域。通常而言，农耕文明是中华民族两千多年来发展的主旋律。时至今日，我国仍然是世界农业大国，未来的建设目标之一也是现代化新农业的可持续生产和发展。相比于新农业的现代机械化建设，蔡家坡村对麦田、乡村村落的艺术性开发无疑是一种截然不同的新思路。大地艺术、陈设艺术、墙绘艺术等艺术形式在村子中铺开，使乡村环境的观赏性大大提升，吸引了大量的考察者和来此休闲度假的人的目光。整个蔡家坡村的村民也因自然环境与空间环境的转变，逐渐适应了自己的新身份。如坐落在鄠邑区8号公路上的"土锤咖啡馆"中的咖啡师宋迺红，原本是一位种植了半辈子麦子和玉米的农村妇女。现如今的她穿着西式马甲，熟练地使用着磨豆机、咖啡机。她还有自己的英文名字——"Emily（艾米莉）"。就职于"土锤咖啡馆"的其他员工都是从附近村里招来的。他们农忙时下地种田，农闲时就放下农具卖咖啡。"土锤咖啡馆"占地约1000平方米，由一家废弃粉石厂改造而成，里面挂着巨幅乡贤肖像画，并建有电影放映厅，咖啡馆背后便是青葱碧绿、云雾缭绕，自古以隐居文化兴盛而闻名的秦岭。村民看到了这些新项目的投入和收益，也更加积极地投入新工作中。由此，村民也拥有多重身份——下地忙农活时和日常生活中是宋迺红，在咖啡馆做咖啡师时就是艾米莉。

在艺术馆和乡村农耕生活中，村民们找到了现代艺术生活和传统农业生活的契合点，实现了农耕生产和艺术创作的有机融合。可以说，蔡家坡村以及8号公路上的村落都已经脱离了纯粹的农耕文化，与艺术融合形成了物质空间再生产下的新场域。

图 9-1　鄂邑区 8 号公路旁拍摄的文艺演出预告①

1. 以艺化农

艺术的发展离不开人的创作，乡村艺术的发展离不开农民的支持。在媒体报道的记载中，蔡家坡村的"艺术乡建"之路长达五年。2018年西安美术学院的教授武小川、张亚谦以"艺术社会学的文化实践"为题，开展社会实践与文化调研课程。他们首先关注以户县（鄂邑区前身）农民画为中心的本地文化脉络，在详尽的文化调研之后，对当地的民间艺术形态和特质再次进行系统研究。细致了解本地的艺术情境后，师生们进入蔡家坡村，开展深入的社会调研。蔡家坡村有11个村组，人口基数大，产业结构多样，可以开发的资源多，但是也

---

①孙正好.秦岭脚下乡村咖啡馆晋身新"网红"[EB/OL].(2023-08-18)[2024-12-18] https://baijiahao.baidu.com/s?id=1774472035718322956&wfr=spider&for=pc.

意味着调研难度大。西安美术学院的师生们不畏困难，在这里租下了五亩麦田，开启了艺术创作实践与乡村文化情境的整合之路。一开始，艺术家们创作出很多让农民们不甚理解的作品，例如《麦霸》、巨型鸟巢等。经进一步了解后，他们发现此类抽象性作品并不能唤起村民的共鸣，反而让村民们产生一定程度的陌生感。之后，西安美术学院的师生们调整思路，并与关中传统习俗"忙罢会"相结合，开启了第一次尝试性的融合。"第一届忙罢艺术节"的演出以秦腔、民谣等为主，演出的成功不仅让蔡家坡村村民提高了收入，同时也让他们看到了打出名气的希望。在2019年，蔡家坡村展演各类文化艺术项目达60余场，大型艺术作品吸引了近万名观众。大量的客流量带来了经济收益的增长，村民从中获得实际利益的同时，思维方式也得到了相应的调整，艺术实践活动与乡村发展走向新的融合之路。这一切，不仅让乡村的整体风貌发生了巨变，也使当地村民深刻地认识到：在这里，割麦就是艺术!

2. 新乡村之美

长达六年的"艺术乡建"给蔡家坡村带来了不同于其他乡村的独特美感。如今的"忙罢艺术节"以"终南戏剧节""大地生态艺术"和"社区艺术空间"三大板块为主要形式，并设计了丰富的乡村文艺展演活动。在艺术节主办者看来，在乡村基层一线进行艺术实践活动，那些生动活泼的、跳脱活跃的、热闹喜庆的艺术样态才能真正吸引群众，或可实现雅俗共赏的文艺目标。这就使得在艺术节上展示、展演的各种艺术作品必须与蔡家坡村的原始风貌融为一体。在这样的前提下，艺术作品还得具有新风格，呈现出新气象。走入村镇，人们会发现这些艺术作品似乎是与生俱来的，它们在这里呈现，在这里绽放。村民也由此形成了双重身份，一是地地道道的农民，一是"忙罢"之后的乡村艺术家。他们切实地生活在这个乡村空间之中，同时也在这里从事艺术创作实践活动。传统的乡村空间转化成艺术气息浓郁的审美空间。在这里，终南山高耸巍立为天然屏障，金色的大地麦浪滚滚，各类艺术活动轮番展示，传统乡村成为诗画之地。蔡家坡村和"忙罢艺术节"，两者为乡村与艺术的融合发展提供了新场域和新方法,也为乡村振兴提供了新的思考和新的实践路径。

3. 文化符号"再生产"的新场域

布迪厄认为,文化的创造和再生产,始终都同人的生存需要、生存能力、生存状况以及生存意向密切联系。对人的生存过程而言,最重要的是其生存能力和意向。[①]"关中忙罢艺术节"的长期举办为这片土地赋予了新的文化气质,文化融合乡村形成了新的文化生产场域。若是走在蔡家坡村这片土地上,经常可以看到来自西安美术学院的老师和学生在这里创作。院墙、草帽、大门等平时随处可见的乡村事物被绘上了色彩,逐渐呈现在参观者面前。长期以来的艺术创作和艺术节的举办,蔡家坡村逐渐形成了以"忙罢"艺术节为核心的文化事业和文化产业。围绕"忙罢"艺术,蔡家坡村着力打造了旅游、休闲、研学、农家乐等各种形式的配套产业,解决了村民就业问题的同时,也形成了对"忙罢"艺术文化内涵和文化价值的"再生产"。"忙罢"艺术、劳动者、创作者、观众等各种元素充斥在蔡家坡村这片土地上。它们不断更新着"忙罢"艺术的新内涵和表现形式,构建出文化创作和生产的新场域。

三、从单一媒介到泛媒介化的空间构建

现代艺术实践与传统乡村文化的结合带来了蔡家坡村新的文化气质。新闻传播媒介的报道和介入给艺术乡建带来了更高的知名度。艺术乡建无疑是一种与传统旅游度假村建设不同的新思路,媒体的报道使得蔡家坡村为人们所熟知,许多村镇建设者开始前往蔡家坡村进行实地考察,吸取蔡家坡村的成功经验。在这个过程中,作为艺术乡建实践场地的蔡家坡村也在不断地修正自身,让艺术真正地内化于乡村本身的气质之中。

---

①刘喆.布迪厄的社会学思想研究[D].武汉:武汉大学,2006.

1. 蔡家坡村"自我"认知的镜像

艺术乡建过程中的蔡家坡村，其艺术性的外化与呈现离不开各类媒介的构建与传播。通常情况下，媒体报道在人们认知的过程中充当着连接的中介。在此过程中，媒介即使对客观事物予以镜像式构建，也会呈现一定程度的"神话化"倾向。保持原生态状态的蔡家坡村形象会无意识地呈现于人们的认知之中，其核心是一种基于常识的真实形象。经过媒介选择性加工并呈现出来的"神话化"之后的形象，已经转变为以媒介镜像而存在的"幻象"，以此作用于人们的意识、思想、情感，从而达到精神上的真实并形成信仰，进而在生产生活中指引着人类的行为规范和准则。① 换言之，各种媒介通过文字、声音、图像、图片与视频等话语符号方式实现了对客观存在的事物的镜像式建构，所实现的是意象的真实。具体到蔡家坡村的媒介镜像而言，媒介通过新闻、信息话语向外界塑造并呈现了蔡家坡村的新形象，也以隐蔽的、强大的媒介力量作用于村民和艺术创作者们的意识，形成了他们对于蔡家坡村"媒介化"的认识。这也将使二者在被报道的过程中不断重新认识、反思、评估自己，并找到自己的新定位。

媒体对报道对象确立"自我"身份所起的作用是毋庸置疑的。况且，各类媒介及其强大的媒体力量在蔡家坡村这个集体自我认知的过程中充当着"他者"的角色，通过"他者"的语言来认识、观测自我。在媒介"他者"这个建构自我形象的重要因素的作用之下，作为一个集体的主体——蔡家坡村在艺术乡建的过程中，其发展思路和方式都受到媒体的影响，更在媒介镜像中重新认识、发现村镇本身的特质。

2. 建构专属于蔡家坡村的媒介空间

媒介及其媒介力量在对蔡家坡村"自我"认知的转换过程中起到了不可或缺的作用。与此同时，也建构了专属于蔡家坡村的媒介空间。此处所言的媒介空

---

① 霍一雯.论媒介镜像及其对意义的建构[J].西北大学学报(哲学社会科学版),2021,51(02):160-166.

间,一是指通过各种媒介符号表征所建构的文化空间,以及此媒介空间中的文化认同;二是指通过媒介空间这个文化空间所形成的社会关系,尤其注重媒介空间对人与人的社交关系、人与物的生产关系的重构。[①] 本研究以当代发展迅猛的互联网技术构建的媒介空间为背景,对蔡家坡村的"忙罢"空间的传播边界、媒介传播机制和传播关系结构进行系统考察。

新媒体信息平台的突出表现是具有更强的交互性,传播主体的下沉让"忙罢艺术节"注定不是一场短暂的艺术展览,而是长效的文化盛宴。各大媒体对蔡家坡村"关中忙罢艺术节"的报道量逐年上升。蔡家坡村的独特文化融合之路在官方媒体的推波助澜下获得了广泛关注和知名度。在这样的认知中,艺术节的创作者和村落的原居民逐渐改变了想法,将视野扩展到整个互联网。蔡家坡村新形成的媒介空间依然以创作者和原居民为核心节点,以官方媒体和社交媒体为载体,向外辐射建立连接。例如,原居民在这片土地上开办了许多以"忙罢"文化为主题的咖啡馆、书屋,将店铺信息发到美团、小红书等平台,吸引了大量游客来休闲娱乐。在媒介构建的空间环境下,创作者和原居民被赋予了新的互联网身份。与原本的社会角色不同,他们的传播范围更加广泛,传播内容更加具有新媒介思维。

3. "泛媒介化"的空间构建

互联网技术的发展与新媒体的加持,给蔡家坡村忙罢艺术的塑造和呈现创造了一个共创、共建、共享的媒介环境。这个媒介空间融合了传统乡村空间的全部特征,同时也包含了创作带来的艺术空间,使它具有比以往更强烈的创造性、包容性和发展性。在中国传统乡村,人们的生活是比较封闭的,犹如费孝通所认为的那样,中国乡村的本质是"乡土性"[②],即建立在中国传统"熟人社会"

[①] 关琮严.属性转移、边界消弭与关系重构:当代乡村媒介空间的转型[J].新闻与传播研究,2021,28(04):57-72+127.
[②] 李红艳,冉学平.以"乡土"为媒:熟人社会内外的信息传播[J].现代传播(中国传媒大学学报),2022,44(01):19-28.

基础上的小范围的群居性生活，带来独具特色的社交特性和生产生活特性。如果将庙会、社戏、饭馆、街市等乡村空间视作乡村社群信息分享、社会交往、情感维系、文化认同等的媒介活动，并由此形成某种公共传播情境和公共传播网络。那么现如今，这种乡土性随着国家政治布局、经济建设和技术发展等原因已逐渐发生了改变，尤其当基于互联网的新媒体逐步嵌入人们的生活，传统的乡村生活逐渐走向开放和包容。在这些方面，蔡家坡村走在了时代的前列。尤其是"泛媒介化"的时代来临，技术浪潮之下"媒介"与"非媒介"的概念逐渐淡化，媒介环境下的社会空间逐渐与网络空间相互融合。在蔡家坡村的艺术乡建过程中，同样呈现出"泛媒介化"的特征，媒介对乡村社会的影响在多种因素作用下呈现出复杂化、结构化的社会样貌和文化景观。在实地考察的过程中，研究者关注到蔡家坡村的成功离不开艺术的作用，艺术与乡村完美契合，给人一种和谐美的感受。但不可忽略的是，蔡家坡村的艺术空间和乡村空间，都融合了互联网时代的媒介性，可以说媒介充当了艺术乡建与外界沟通的桥梁。媒介建立了"艺术+乡村"的新的文化认同，同时也重建了蔡家坡村的社交关系。因此，艺术空间和乡村空间的底层融合来自媒介空间的构建。

四、传统乡村空间的消解与重建

在万物皆媒的"泛媒介化"时代，蔡家坡村在其媒介空间的建构中，传统乡村空间的"去地方化"表现尤为明显：一是传统的、相对封闭的"熟人社会"特征不再突出，人们对于生活经验的获取不再依赖于集体内部，更多地向外求索；二是生产关系更加多元，生产生活方式更为丰富；三是文化地理意义上的村落边界消弭，和更大范围的团体建立互动关系。

1. 去地方化：地理物质空间内生产与生活方式边界的消弭

蔡家坡村的"去地方化"主要体现在两个方面。第一是生产生活从单一走向多元。原本村落的收入来源为小麦、玉米、葡萄、猕猴桃等农作物的种植，农民辛苦一年，往往收获的结果并不如人意。在"忙罢艺术节"开展之前，蔡家坡村和其他坐落在秦岭周边的村子一样，村民们每年依靠劳动生活，那时秦岭沿线的很多村庄刚摘掉贫困的帽子，很多村子正在大力巩固脱贫攻坚成果，蔡家坡村的发展默默无闻，缺乏相应的辨识度。"只要游客多踩一脚油门，就会错过入村的路口"，甚至很多人还将蔡家坡村和百公里之外宝鸡市蔡家坡镇混淆。那时候的村子缺乏活力，高产麦田也因为青年人离乡打工而逐渐荒废。2018年"第一届关中忙罢艺术节"如同一把火，为这座村子加入了新的动力源，在此后举办"关中忙罢艺术节"的六年间实现了发展方向的转型，乡村村民的生产方式也从单一的农业生产劳动，转向了更为多元的生产方式。首先是村民观念的改变，"关中忙罢艺术节"吸引了大量游客来观赏，客流量的大幅增加让村民们获得了额外的收益。至此，人们发现村里的各种艺术作品不仅让村容村貌变美了，而且确实有利于提高大家的收入。因此，村民在支持村委会和艺术工作者的工作时有了更高的积极性。其次是村子里的商业模式有所改变，从规模较小的个体售卖转化为规模较大的店铺经营，都依托于媒介空间带来的高人气和知名度。一位村民对研究者提到，猕猴桃从2元一斤的整体批发都没人要，到4元一斤的零售卖断货。还有，蔡家坡村在原有只满足村民日常生活所需的小百货零售店的基础上，开设了特色农家乐、特色饭店、乡村主题咖啡馆和艺术书店等，店铺生意红红火火。光明日报记者采访蔡家坡村农家乐的经营者陈猛时，他给记者讲道："如今游客越来越多，3月份以来，他家的'石锅鱼饭庄'已经赚了近50万元。"根据国家统计局鄠邑调查队的信息显示，2022年，蔡家坡村和栗峪口村内务工收入同比大幅上涨，村内务工行业主要为农林牧渔业、建筑业、住宿和餐饮业等；其中，蔡家坡村村民人均本村内务工收入2531元，同比增长58.7%。[①] 新店铺的落成也给村民带来了就业的机会，8号公路上的"土锤咖啡馆"的咖啡师宋酒红就是一个很好的例子。在这里，村民们一面是田间劳作的农

[①] 于园媛. 忙罢农活忙艺术——第五届"关中忙罢艺术节"举办[EB/OL]. (2023-08-07)[2024-12-18] https://epaper.gmw.cn/gmrb/html/2023-08/07/nw.D110000gmrb_20230807_5-09.htm.

民，另一面是村子店铺里的员工，为游客提供服务。

媒介空间带来的第二个"去地方化"特征是村民们的交流方式从相对封闭走向多元化。随着互联网技术的发展，村民们对当下的社会技术进步有着深刻的体会，互联网思维意识也进一步强化。研究者前往蔡家坡村考察时，被一家咖啡馆的网红"竹筒杯"深深吸引。这种杯子由竹节制成，轻便且好看，杯身上贴着艺术字——"鄠邑""蔡家坡"，有着精美的设计图案。这种仅在抖音上见过的网红杯出现在了一个村子的咖啡馆里，让人感叹蔡家坡村信息发达的同时，也让人感受到了他们的与时俱进。咖啡馆墙上的标语"生活无解，回村撒野"，押韵中透露着一种豁达的理念，整体空间给人传达出一种放松的感觉。

媒介力量将艺术和乡村整合入同一个空间，村民们也成为媒介空间中的一分子，从而塑造了全新的生活。村民王岩在接受新华社记者采访时说道："以往，村里人早上下地干活穿一身衣服，回家还是这身衣服，没人会留意裤腿上的泥；现在不一样了，从田里回家后，大家都赶忙洗漱、换上干净衣服，艺术村的人咋能脏兮兮嘛！"王岩说："这种变化不是靠'红黑榜'和批评教育这些外在的强制性力量，而是在文化艺术的氛围中逐渐塑造出来的，是发自内心的变化。"[①]对于生活在蔡家坡村的村民来说，"艺术节""艺术"这些词汇

图 9-2 蔡家坡村咖啡馆的"竹筒杯"

[①] 张斌, 张健. 终南山下, 被"艺术乡建"改变的村庄[EB/OL]. (2022-09-30) [2024-12-18] https://h.xinhuaxmt.com/vh512/share/11148105? d=1348c02.

不是虚无缥缈的、让人难以捉摸和难以理解的文艺形式,而是实实在在存在的生活和生产方式,从以往的不在意"裤腿上的泥"到今日"换上干净衣服",认知改变的底层逻辑是生活环境的改变。"艺术""艺术节""忙罢"这些语言符号蕴含着媒介赋予的认知,村民们依靠理解"艺术"来重新认识自己。媒介信息的传递和表达给村民们塑造了一个艺术和乡村生活的基础,这个基础是一个全新的信息表达和反馈的媒介空间。

"去地方化"让蔡家坡村走出了西安郊区,走向了更广阔的天地,让更多人见到了这个原本"普通"的小乡村如何实现了艺术性和乡土性的深度融合。原本紧密的乡村传播结构被打破,村民们依托媒介、乡村、艺术建筑三种空间融合而成的新空间,每时每刻都在和外界各色的人和事发生信息交换、共享和传播。在这个过程中实现对蔡家坡村的认知,自我认识和信息交换的互动过程在动态地持续进行,蔡家坡村的新空间不断走向成熟。

2. 再场景化:让集体记忆与时间轴在此交汇

在蔡家坡村,艺术性的作品和艺术性的表演展示不仅赋予了乡村全新的面貌与气质,还在潜移默化地塑造着生活在其中的人的行为方式和品格。连续举办六届的"关中忙罢艺术节"不仅带来了全新的乡村样貌,而且重塑了蔡家坡村村民的生活环境。环境的力量何其巨大! 媒介环境学派的媒介哲学家梅罗维茨在《媒介情境论》中认为,媒介传播决定了人们的行为具体环境。媒介技术与社会文化的有机融合,使得传播呈现出新的态势。在网络媒介时代,新媒介打破了地域限制,打破了一些旧的情境,将不同的情境融合成"新情境",使受众观念的形成不再仅仅依靠本地经验和本地判断,来自外部的经验与观念同样非常重要。可以肯定,人们在某一新情境中会有一系列新的感知、新的行为和新的表现。[1] 媒介塑造情境的最终作用是对人的态度、行为层面的改变,蔡家坡村的村

---

[1] 何梦祎.媒介情境论:梅罗维茨传播思想再研究[J].现代传播(中国传媒大学学报),2015,37(10):14-18.

民生活在媒介、艺术、乡村三者相互融合的空间之中，最终逐渐改变了自身的思维和行为方式。

当然，媒介和艺术对乡村"再场景化"的构建，并不仅仅是单纯的新闻与信息传播，而是在传统文化和习俗的基础上添加新时代相关的信息，实现对传统的继承式创新。随着城市化进程的加快和同质化现象的出现，集体记忆作为一种具有强烈归属感和认同感的无形力量，与城市历史文化的积淀和特征的生成有关。隶属于西安市，位于城市郊区且可能走向城市化的蔡家坡村，其乡村记忆不仅是空间记忆，也是社会记忆或文化记忆。四季风光变化的平展麦田、大地上遍布的装置艺术、村史馆陈设的农业生产器具、"艺术村长之家"放置的巨大草帽等，这些艺术的或非艺术的物品都成为蕴含深意的物质符号，共同建构着专属于蔡家坡村的集体记忆。作为已经媒介化了的空间，早已转化为"记忆的场域"和"记忆之所"。作为蔡家坡村主角的村民，他们最熟悉的莫过于这片生活劳作的土地，麦田、犁铧、锄头、镰刀、草帽等，这些物品承载了每个人不同的回忆，关于这些物品的意象与意义共同构成了村民们对

图 9-3 蔡家坡村的墙绘艺术作品

蔡家坡村的集体记忆。这一代人的集体记忆是乡村传播的基础，也是费孝通笔下"乡土中国"的特征。蔡家坡村与艺术工作者们在艺术创作的过程中，并不是对原本艺术作品的照搬，而是在蔡家坡村的传统文化上的修改和添砖加瓦，如"忙罢"一词就是来自关中地区传统的习俗"忙罢会"，本指在夏季农忙结束后，村民们聚在一起举行集会，以庆丰收。这种传统的文化符号根植在人们心中，当村民们看到"忙罢"之后，也能让他们理解这个艺术节的含义和主要内容。

在场景再造的过程中，除了对传统的物质文化及其符号的创新性使用之外，还选择了村民们耳熟能详的文字和图形意象。西安美术学院的艺术工作者们在艺术创作的时候，尤其重视对"草帽"这一物品和意象的利用。一年四季，地里劳作的农民种、耙、锄、割、收，最常见的亲密伙伴就是草帽，能防风沙、防日晒、防雨淋。对常年从事劳作的村民来说，草帽属于标配之物，甚至出门遛弯、走亲戚、逛集市都戴着草帽。此种具有中国传统农业耕种特质的日常穿戴之物，就成为艺术工作者创作的原始素材。在蔡家坡村的咖啡馆、"艺术村长之

图 9-4 蔡家坡"艺术村长之家"的草帽装饰

家"、民宿等多个地方，人们经常能看到这种意义丰富的传统文化意象。尤其是"艺术村长之家"的展览馆，有售卖咖啡的吧台，也提供住宿，更像一个村史馆，馆里陈列了大量的传统乡村的老物件，给人一种回到过去的感觉。这家咖啡馆的建造有层次、有结构，在门口的桌子下放着一个直径将近一米的"草帽"。这种对农村传统物品与意象的修改和创作，给参观者带来了全新的体验。

上述农具、方言以及日常穿戴之物，如草帽等乡村物品及其意象共同构成了艺术创作者们加工和创新的基础，这些物品相比于原本的形状可能有所不同，但确实起到了连接传统与现代的作用。对村民而言，它们都是日常所用之物的另类表现，如今又充当介质联结了乡村空间与新时代的社会空间。这种新奇之感也让人们有了更强烈的代入感和联结感，并以此构筑了一代又一代人关于乡村的集体记忆。可见，艺术介入与艺术作品对乡村空间的"再场景化"打破了传统乡村的人与人、人与物的连接关系，同时也将这个乡村空间整体纳入了更大范围的社会空间，实现了乡村世界与外界世界的互动。

3. 空间媒介：乡村传播媒介性的回归与印证

在人类历史发展的过程中，空间及其本质逐步得到认识和理解，尤其是其社会性。早期人类社会中的人们生活在传统的物理空间之内，人们的所思所想都来自对熟悉的物理空间的认识，并且由于交通条件不发达，人们很难和远方的人进行信息交换和沟通。随着两次工业革命和信息技术的飞速发展，信息传播日渐成为人们生活的重要组成部分。在这个过程中，人类传播信息系统的范围进一步扩大，人类可以获得的信息内容进一步增加，人们对所遇到问题的理解、决策和行动，不再仅仅依托于熟悉的物理空间提供的便利条件，而更多地依赖于媒介营造的虚拟空间中可获得的多方帮助。时至今日，媒介空间的概念内涵进一步扩大，如在互联网的联通作用下，人们跨越物理空间与其他空间产生社会连接，人们的社交空间也逐渐融入媒介带来的虚拟空间之中，并在许可的条件下转化为现实环境中的联系与交往。可见，空间的组织结构不仅产生于社会，同时也能反过来影响各种社会关系。

第九章　以艺为镜:"关中忙罢艺术节"的媒介镜像及意义重构　197

在新媒体技术席卷之际,乡村和城市的信息技术基础设施建设在布局与速度上有所不同,致使村民在接触、使用媒介能力等方面存在一定程度的滞后,或存在城乡之间的"知识鸿沟",或处于某种意义上的"失语"状态。2018年8月的全国宣传思想工作会议中提到,要加强县级融媒体中心建设,打通信息传播的"最后一公里"。① 这体现了国家对乡村自身传播力建设的重视,让长期存在的"信息孤岛"成为信息丰裕之地。对蔡家坡村而言,乡村工作者和艺术工作者通过乡村建设与艺术实践的有机结合,走出了一条乡村振兴的新路径。与此同时,艺术性乡村建设带来了乡村媒介性的回归,整体的乡村空间融入了媒介空间,在原有的乡村空间基础上融合了更多互联网时代的特质。

在蔡家坡村的发展过程中,"空间媒介化"的特征非常明显。所谓空间媒介化,一方面是指人类通过不断发展传播媒介,创新媒介形式来拓展对实在空间的控制范围与控制力,从而在最大的空间范围内实现媒介连通的过程。另一方面是指实在空间逐渐被纳入媒介范畴,履行着传播信息的功能。研究者在考察蔡家坡村时,发现了西安美术学院的艺术工作者给蔡家坡村设计出独特的象征符号,即代表了蔡家坡艺术村的三个关键词"劳动者""麦田"和"收获"。

图9-5　西安美术学院为蔡家坡村设计的文化符号

---

①张垒.习近平关于新闻舆论工作论述的新篇章——试论理解习近平在2018年全国宣传思想工作会议上讲话的五个方面[J].新闻与写作,2018(11):28-33.

这些具有传统意义的词汇仍然贯穿在蔡家坡村的全部生产生活实践和文化实践之中，成为他们文化的内核。媒介形式的创新加强了对物理空间的控制力，也让实在空间的村镇迸发出更大的文化生命力。还有，整个蔡家坡村村民的生产生活都被纳入了媒介的范畴，村民们的衣食住行都成为这个乡村的符号。草帽、镰刀等日常常见的意象被艺术性地再加工之后，被现代媒介收编，从而整合形成了更强的文化传播力。

在蔡家坡村，人们首先都会被秦岭的美景所震撼，八百里秦川的风貌在这里形成一个缩影，扑面而来的艺术氛围将包围每一位到此的游客：村民的日常生活得到艺术化的呈现，农家的大门经过艺术装饰，村街巷道、宅院外墙都布满了壁画，似乎这里的乡村生活本身就是一场艺术展览。人类社会的活动赋予了实在的物理空间以社会内涵，实在的物理空间也因此被纳入社会信息的自我表达体系之中，成为社会的"皮肤"。

五、媒介空间背后的文化品格与乡村精神的意义重构

在连续六年的艺术乡建过程中，蔡家坡村逐渐形成了独有的文化品格，成为西安市鄠邑区一张闪亮的文化名片。《大地之子》《麦霸》等大型艺术作品矗立在这里，用砖石打造起来的"终南剧场"等庞大的艺术作品如同一个个节点，构建出一个完整的艺术乡村文化景观，置身其中的游客能感受到一种融合在秦岭风貌之中的自然之美，也能感受到用艺术唤醒乡村生机的人文之美。在这里，农具被改为一只只"蚂蚱"，割麦的镰刀、坐过的板凳、摘下的玉米、戴着的草帽等都被拍成照片或者做成艺术品，生活物品都被赋予了艺术的意义。

1. 乡村景观表征文化品格

在蔡家坡村，艺术空间与生活空间的融合，物理空间与媒介空间之间的交互与转化，使这片土地有了不同于其他乡村的新特征。她给人们展示了新时代的乡村风貌。尤为重要的是，蔡家坡村的艺术作品，诸如随处可见的"麦子""棉花""草帽""镰刀""牛轭"等农家生产与生活符号，一方面发挥着留住乡愁、承

载集体记忆的作用，另一方面也作为一种新的乡村文化景观，为村民的审美建构与文化认同塑造提供了基础。一座座美术馆的建立，一场场文化表演的举行，使村民们获得利益的同时，也受到了艺术的熏陶。人们更愿意从事艺术创作，也更愿意参与蔡家坡村整体的发展建设。在这个过程中，村民们从媒介镜像中获得了来自"他者"的认同，实现了对"自我"认知的建构。同时，村民的日常生活与艺术的融合，使得原本琐碎、被遮蔽、隐晦的日常亲历实践走向文艺化、整体化。作为媒介搭建的生活空间，是"艺术即生活，生活即艺术"的新场域。

2. 经济发展重塑乡村精神

经济进步永远是乡村发展的内在驱动力，村民们只有切实地从中获得利益，体会到艺术结合乡村的好处，这条艺术乡建之路才算是真正走上了正轨。村民们更加深入地参与到"忙罢艺术节"带来的各种艺术作品和文化展演之中，投身于乡村的建设之中，这些都在不断地塑造着蔡家坡村新的乡村精神。统计数据显示，蔡家坡村旅游从业人员达到200余人，从2013年到2022年，蔡家坡村人均纯收入从8655元提高到20012元，增长率达到了131.2%。[①] 蔡家坡村虽小，却已是鄠邑区以文化振兴带动乡村全面振兴的一面旗帜，不仅仅是经济的飞速增长，更重要的是人文精神层面的进步，不论是艺术实践还是乡村建设，始终关乎"人"的发展。

谈到乡村艺术实践中对"人"的关照时，西安美术学院教授武小川这样认为："村民是乡村的主体，真正扎根在土地上、能和老百姓产生关系的才能叫作艺术。"[②]艺术创作者们从一开始就注重艺术与乡村的结合，注重艺术创作对传统乡村精神的继承，不仅是为了获得更好的传播效果，更是为了贴近村民、影响村民，因为要让"文化力量"在蔡家坡村落地生根，就离不开"以人为本"的艺术创作理念。正因如此，村民们对于一届又一届的"忙罢艺术节"迸发出极大

[①] 谭海梅,马静,甘志庆,等.这个村子有点"潮"看看麦田里长出的"艺术空间"[EB/OL].(2023-10-10)[2024-12-18]https://mp.weixin.qq.com/s/Z-ylEq3hswrDDM6Ayb0esQ.
[②] 武小川.为什么要去农村——"关中忙罢艺术节"策划解读[J].民艺,2021(03):86-90.

的热情，协助西安美术学院的师生搭戏台、搬运物品，为创作者的艺术创作提出自己的意见和建议等。村民这个群体的积极性和创造性以及动手能力都让艺术工作者们眼前一亮，村民也切实地感受到了文化和艺术的魅力以及对自己的深刻影响。这些中国劳动者身上本身就具有的吃苦耐劳、坚忍不拔等优秀品质，在长时间艺术熏陶的过程中，更具有了以艺化农的艺术气质，这让来游览的客人们感受到这个乡村深厚的艺术底蕴。新华社记者在对"土锤咖啡馆"的主理人王绘婷进行采访时，发现她是来乡村创业的博士。她的咖啡馆自2022年10月开业以来正式走红，店里的新鲜吃法——"油泼意大利面""韭菜鸡蛋比萨"等小吃迅速走红，吸引了非常多的游客来这里玩耍、品尝。谈及开店理念，她提到"土锤由英文TWO TREE谐音而来。看似是一种自嘲，其实代表了一种自信"。① 从根本上来看，这是一种源于艺术乡建带来的整体空间风格的改变，以及在这里生活、工作的人们共有的文化自信。

3. 媒介空间重构传播秩序

在最初阶段，蔡家坡村的"忙罢艺术节"就是一场美术和乡村相结合的大胆尝试，在引凤筑巢的过程中逐渐从一两棵树长成了如今的整片森林。更多的青年人选择回到乡村进行工作、创业，以及艺术工作者们和"艺术村长"的加入，让这个乡村原本的传播格局发生了翻天覆地的变化。传统乡村信息传播的乡土性已经逐渐被新媒体、新技术取代，传统乡村空间的媒介信息传播模式不再充当主流信息传播的方式，而被互联网下的节点化、网状化的信息传播模式所替代。在此情境之下，乡村传播秩序得以重构：一是新的生活面向让村民不断游走在网络空间和乡村现实空间之间，不流动的乡土变成大流动的村庄。② 越来越多的青年村民有了自我发展意识，并选择在乡村创业，农忙时抢种抢收，农闲时当起了咖啡师，开起了书店，办起了民宿。青年们具有的这种个体意识和自我发展意识是乡村基础设施建设发展的重要思想力量。二是新媒体构建了线上信息共享

---

①闫雨昕. 乡行记·新时代中国乡野调查|陕西鄠邑：当艺术点亮乡村[EB/OL]. (2023-11-14)[2024-12-18]https://baijiahao.baidu.com/s? id=1783431089791886345&wfr=spider&for=pc.
②陆益龙. 后乡土中国的基本问题及其出路[J]. 社会科学研究,2015(01):116-123.

平台。蔡家坡村通过经营线上门店及其口碑，向外传播了自身的价值观，吸引了更多的游客来到这里。这些是从蔡家坡村的媒介空间建构开始，向外建立与信息共享 App 和社交媒体平台的连接，用户在抖音、美团、微博等弱关系连接的 App 中获得信息，在微信等强连接关系中考察信息的真实性和可信度，从而促成了前往蔡家坡村的行动。同时，这也是获取网上好评和流量关注的途径，是传播模式构建的核心要素。

六、结　语

蔡家坡村的艺术实践本质上是一场媒介化的社会实验。当"终南剧场"里的交响乐与秦腔同台共鸣时，当废弃砖窑改造的"终南剧场"上演先锋话剧时，这些场景通过社交媒体传播后，构建出"乡村山水画"的媒介镜像。这种镜像并非简单地复制现实，而是通过艺术符号的重新编码，将秦岭北麓的农耕文明与当代艺术语言熔铸成新的文化景观。72 岁的村民余晓芹从最初觉得艺术展陌生到自发创作快板表达感激，印证了媒介镜像在逐步唤醒主体意识——这种转变并非单向灌输，而是村民在参与壁画创作、田野手艺大赛等活动时，逐渐将外来艺术语言内化为自我表达的工具。

艺术乡建带来的空间重构具有双重性。一方面，麦田里的树状风车、现代雕塑、46 幅大型壁画与 20 余件装置作品，使物理空间成为"可读的文本"；另一方面，抖音等平台传播的"忙罢艺术节"视频，又将实体空间转化为虚拟符号。这种转化并非消解了地方性，而是通过"再场景化"强化了乡土认同。此时，媒介空间恰恰成为传统文化与现代文明对话的场域。值得注意的是，这种重构存在辩证张力，虽然艺术家主导着初期创作，但随着美术馆、雕塑馆的建立，村民开始自主改造房屋外观，说明被动接受正在转向主动创造。

媒介镜像的深层价值在于激活了文化基因。钟馗泥塑、农民画等非遗项目通过文创开发获得了新生，印证了传统文化作为"精神资源"的再生能力。当白瑞雪的农民画与波普风格壁画并存于村落时，传统审美范式与当代艺术语言形成互文。这种互文性在传播学意义上构建了新型情境：游客在共享书屋里翻阅村史资料，在"终南剧场"观看演出时，实际上参与着多层次的意义解码过程。

艺术乡建的可持续性取决于对话机制的完善。初期村民"这是弄啥嘞"的疑问，反映出艺术启蒙的隔阂。但"艺术村长"制度的建立、数百名驻村艺术家的常态化互动，正在构建双向学习机制。当美术学院的师生将村民的肖像绘在巨幅麦田旗杆上，当贾玉莲老人在田野手艺大赛展示擀面绝活时，专业艺术与民间技艺的边界开始消融。这种融合启示我们，乡村振兴的传播主体性既需要保留"忙罢"这类农耕记忆符号，更要创造村民能主导表达的媒介渠道。

蔡家坡村的实践揭示出乡村振兴的新逻辑：媒介镜像不仅是景观呈现，更是意义再生产装置。当都市游客在爵士乐与麦香交织的田野中寻找乡愁时，他们消费的不仅是服务，而是参与构建着城乡对话的新叙事。未来艺术乡建的发展需要进一步将村民从"被拍摄者"转变为"内容生产者"，使手机镜头与画笔同样成为乡土表达的工具，最终实现媒介权力结构的根本性重构。

后　记

在研究工作即将收尾之际，有诸多感受涌向笔端：团队成员持之以恒地耕耘在媒介文化研究领域，在不断地拓展此领域研究边界的同时，也对许多媒介文化现象予以自己的解读与阐释，这既是我们的研究兴趣，更是我们的学术责任。在发挥集体智慧的过程中，团队成员曹雅琳、王钰清、吴长颖、杨阳、代梦妍、尚亚杰、杨晓媛、杨海涛、殷娅悦、李丹、孙萌晞、张燕红、高雨茜、李延园、杨慧芝、王梦源、张思蒙、李依璇、任佳欣、王雅洁、赵一依、刘雨昕、刘鑫、刘彦、端木心怡、张钰檬、张英、王利民、董悦然、贺挺钧尽职尽责，数易其稿，不厌其烦，在研究工作中得到了锻炼和成长。

感谢世界图书出版西安有限公司的赵亚强和符鑫的精心编校。他们卓有成效的工作为本书增色不少，唯有继续努力才能表达我们最诚挚的谢意。

作者
2025 年 6 月